# 那些我曾经问过的"为什么"

三五锄教育——著
侯志——绘

晨光出版社

## 在我长大之前

去掌握自己的人生,去感受充沛强烈的幸福。

## 去长大，去感受幸福

在为这套书写序之时，我和许多爸爸妈妈一样，刚刚度过一个焦头烂额的暑假。在餐厅、景区、酒店、博物馆、游泳池……所有亲子家庭聚集的地方，总能听到大人或无奈或哀叹甚至怒气冲冲地问某个"熊孩子"："什么时候你才能管好自己？什么时候你才能长大？"

"管好自己"，对孩子们来说，成了对"长大成人"约定俗成的判断标准。相应地，当孩子主动且坚持地践行了某个习惯，自动自发地完成了某件公共事务，抑或经过坚忍的磨炼取得了某项成就，大人就会欣慰地说："长大了，能做好自己的事了。"

如果说"管好自己"是长大极其重要的评价体系，那它涉及哪些方面的内容，不同年龄的孩子具体又该有哪些行为呈现，却始终没人能说清楚。好几次，我和一些年龄在 6~13 岁的孩子聊起"成人说的'管好自己'指的是什么"，80% 的孩子认为是拥有良好的学习习惯，考取好成绩；75% 的孩子认为是控制好自己的负面情绪，不乱发脾气；55% 的孩子认为是掌握独立生活的技能、协助料理家务……其中一位一年级的小豆包坚持认为，"管好自己"，有且只有一个标准，就是"不打弟弟"。

我和孩子们的爸爸妈妈同样聊过这个话题，发现大人对怎么支持孩子"管好自己，长大成人"的规划也并不清晰。父母们多半基于眼前孩子的成长困境，提出自己的某种展望。比如，有个爸爸指出，自己的孩子太过性急，提出要求无法马上实现就会大发脾气，希望孩子能学会"延迟满足"；有些父母期盼着，在当下快速消费的时代，孩子能学着算好财务账，不乱花钱，有"财商"；有几个妈妈认为，孩子房间太乱，容易丢东西，希望孩子做好"整理收纳"；更多的父母觉得孩子没有具体的目标，遇到困难很容易一蹶不振，希望孩子提高"抗挫力"；几乎所有爸妈都忧心忡忡，担心孩子在社交中缺少经验，遇到麻烦……没错，看起来这些都是"长大成人"非常重要且具体的内容，但似乎又不是全部。再讨论下去，爸爸妈妈们也会陷入迷惘：我们期待的孩子的"长大"究竟是什么？我们该怎么和孩子讲述"成长"这个既宏大，又关乎无数一地鸡毛的日子，以及众多事无巨细行为的系统图景呢？

发现了吗？无论大人还是孩子，每个人都需要一份对"长大是什么""怎样做能成长"的具体、系统的行为阐述；一份指向自我接纳、社交、财商、目标管理等方方面面的多元发展百科全书；一套行之有效，供全家人日常翻阅、讨论、实践的"家庭成长清单"。我想，这就是这套书最大的意义。

每每翻阅这套书，我总是惊叹它的"一书多用"。

首先，它是一套关乎长大的"打怪闯关行为清单"。从五六岁的孩子到十三四岁青春期的孩子，都可以在其中找到适合自己的成长条目。

其次，它是一部关于成长的跨学科实用秘籍。从社会学、心理学、劳动技能诸多方面，为孩子阐明了"为什么做"和"怎么做"。

最后，也是非常重要的一点，它是日常亲子沟通的"桥梁宝典"。它使父母对孩子行为的评定，不再陷于"你没管好自己""你到现在还长不大"的质疑与否定中。这套书所呈现的温柔、细腻和积极思维，推动着小读者和家人们携手步入"长大"这一浩大广袤的岁月丛林，主动承担起每个人自我成长的责任，并由此完成每个家庭梦寐以求的"成长超越"。

每个流传久远的故事，都构建在某个英雄最后"长大成人，并获得幸福"的情节之上。我希望，并深深相信，每个阅读过、实践过这套书的孩子都能"长大成人，并获得幸福"，因为经由这套书，你们一定已经意识到，所谓长大与幸福，不是唾手可得，无法仰仗他人；更不是"金钱"、"游戏"、"短视频"或者"成绩"的绝对代替品，绝不是。

真实的长大和幸福，就在你对自己的接纳中，在你对他人的理解与支持里，关乎你在家庭和社会的创建。

行动起来！去长大，去掌握自己的人生，去感受充沛强烈的幸福。

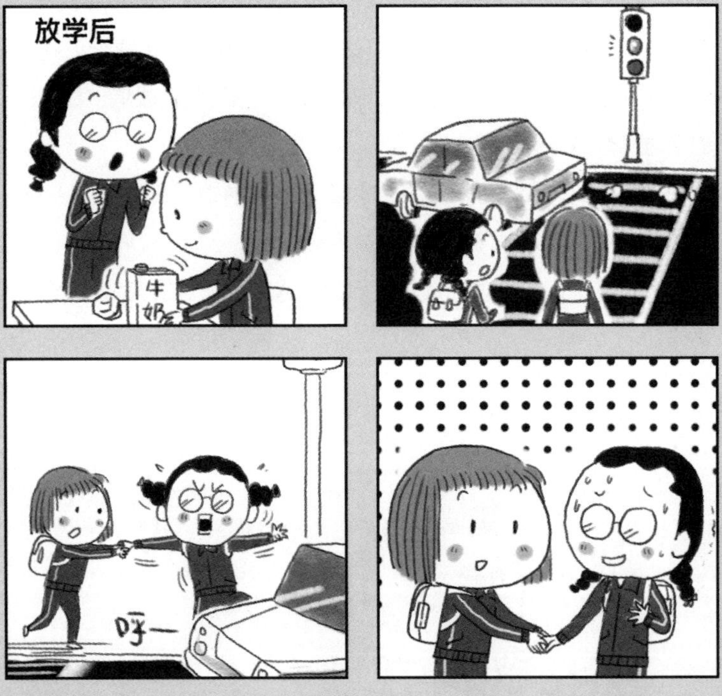
放学后
牛奶
呼—

☑ 目录

1. 为什么录音里自己的声音会很奇怪？/ 2
2. 怎样才能长得高？/ 4
3. 6岁的我和14岁的我有哪些不同？/ 6
4. 为什么法定成年年龄是18岁？/ 8
5. 乖孩子就是好孩子吗？/ 10
6. 为什么爷爷奶奶听不懂我说的话？/ 12
7. 做事慢吞吞就是错吗？/ 14
8. 如何让自己的语言更有逻辑？/ 16
9. 为什么紧张时总会肚子疼？/ 18
10. 为什么有的孩子就像有多动症？/ 20
11. 与人沟通不畅怎么办？/ 22
12. 情绪为什么千变万化？/ 24
13. 有驾驭生气的魔法吗？/ 26
14. 怎么打败"压力"这头怪兽呢？/ 28
15. 在成功之前，他们都曾是"笨蛋"吗？/ 30
16. 为什么要养成不抱怨的习惯？/ 32
17. 我们为什么要上学？/ 34

⑱ 质疑的力量有多大？/ 36

⑲ 为什么是他不是我？公平是什么？/ 38

⑳ 为什么孩子也要学会"吵架"？/ 40

㉑ 为什么我们要维护好班级纪律？/ 42

㉒ 为什么说越紧张越坏事？/ 44

㉓ 心理创伤真的会随时间而自动愈合吗？/ 46

㉔ 身体遇到"小状况"，如何不用慌？/ 48

㉕ 切洋葱时，我为什么会流泪？/ 50

㉖ 晒过的被子是什么味道？/ 52

㉗ 切开的苹果为什么会变黑？/ 54

㉘ 冬天为什么会有夏天的蔬菜和瓜果？/ 56

㉙ 南方和北方的屋顶为什么不同？/ 58

㉚ 为什么说"橘生淮南则为橘，生于淮北则为枳"？/ 60

㉛ 酱油和醋为什么颜色相似？/ 62

㉜ 没吃完的剩菜残羹要怎么办？/ 64

㉝ 为什么说病从口入？/ 66

㉞ 吃饭时为什么不能说话？/ 68

㉟ 为什么妈妈总说要"多喝水"？/ 70

㊱ 你知道病毒的性格吗？/ 72

㊲ 为什么解读生命密码的是基因？/ 74

㊳ 你会从另一个角度思考问题吗？/ 76

㊴ 为什么人人都爱玩积木？/ 78

㊵ 各国的文化差异与禁忌有什么？/ 80

㊶ 为什么好奇心是最棒的才能？/ 82

㊷ 什么是需求？什么是欲望？/ 84

㊸ 父母之间有了矛盾，我能做些什么？/ 86

㊹ 父爱和母爱有什么不同？/ 88

㊺ 为什么说要"笑口常开"？/ 90

㊻ 亲人之间的"爱"要大声说出口吗？/ 92

㊼ 为什么过节的时候全家要聚在一起？/ 94

㊽ 为什么会有"压岁钱"？/ 96

㊾ 妈妈的蚕丝围巾是怎么做出来的？/ 98

㊿ 如何与自己的购买欲和解？/ 100

㉛ 为什么要学好语文？/ 102

㊾ 你会读新闻吗？/ 104

㊿ 什么是网络暴力？/ 106

54 为什么有些人很富，有些人却很穷？/ 108

55 为什么说"历史如明镜"？/ 110

56 昆虫的生存绝招是什么？/ 112

57 人类是如何"拟态"生存的？/ 114

58 你认识各司其职的大脑结构吗？/ 116

59 梦境为什么总是光怪陆离？/ 118

60 男孩与女孩的思维有何不同？/ 120

61 国家到底是什么？/ 122

62 工匠精神，到底是一种什么精神？/ 124

63 为什么保护海洋是人类共同的责任？/ 126

64 战争是如何发生的？/ 128

65 生命从哪里来？/ 130

66 在长大之前给自己的一份人生清单 / 132

# 那些我曾经问过的"为什么"

# 1 为什么录音里自己的声音会很奇怪？

声音还是那个声音，只是传播途径发生了变化。

"天哪，这是我的声音吗？快关掉，太难听了！"你尖叫着让妈妈停止播放你的演讲录音。因为你感觉音频里的声音和自己的声音完全不一样，这到底是怎么一回事呢？

这是因为声音的传播途径不同，导致我们听到的声音和自己原本认知的声音产生了差异。我们平时和人对话时，声带振动发出的声音更多是通过头骨传到内耳，再经过听觉神经传到大脑，最终被我们感知。这样传入颅内的声音一般更低沉、嘶哑，就是一直以来我们所"以为"的那种声音。而当我们听到声音从音频中播放出来时，这时的声音是由空气传导的，声音会引起耳鼓膜振动，由听小骨等结合听觉神经，听觉神经传到大脑，最后才会被我们听到。这个过程中，低频部分被削弱，音色也会发生一些变化，因此我们听到的声音会更单薄、明亮一些。

正是因为传导方式的不同，造成我们听到自己的声音好像和平时差别很大，这种感觉让自己很不适应。再加上我们会更多地关注自己的表现力，因此也会无形中在心里放大这种差异感。其实，如果这时你问问别人有没有发现你的声音有什么不一样，也许别人的回答会是"还好吧，没有很大的区别"。

我们一起看
上次卡拉OK
的录像吧！
快开始！
你额头的伤口，你的
不同，你犯的错……
为何孤独不可
光荣……
这是我的
声音吗？
怎么和
我自己听
自己的声音
不一样……
受刺激了吧，我第一次听
自己的也吓一跳呢！
……
去吗，配吗！
这褴褛的
披风！
谁说站在光里的
才算英雄……
原来我的声音这
么迷人，
有点感动呢
……
你也
太自恋了吧
……

# 2 怎样才能长得高？

做阳光下的男孩、女孩吧！

动画片里，大力水手每次在遇到怪兽时都会拿出一罐菠菜一口吞下，然后立刻就能变得高大强壮，把坏蛋打败。你知道吗，大力水手吃菠菜能长高这件事可能真不是凭空捏造的。实际上，多吃菠菜可以补充铁和钙，确实有助于青少年长高。

当然，吃菠菜只是辅助作用，而更主要的决定性因素在于遗传。有这样一组公式，你可以通过它粗浅地预估自己能长多高：

女孩的靶身高 =（父亲身高 + 母亲身高 -13 厘米）÷2

男孩的靶身高 =（父亲身高 + 母亲身高 +13 厘米）÷2

怎么样，结果是你预期的身高吗？不是的话也没关系。除遗传基因外，环境、健康状况等后天因素也会影响身高。还有很多方法可助你长高，如保证均衡的营养、充足的睡眠，以及适量的运动，都是长高的不二法宝。

身高的增长与体内的维生素 D 和钙的含量有密切关联。维生素 D 能够促进身体对钙的吸收，维持骨骼正常生长发育。多晒太阳有助于人体合成维生素 D，因而多做户外运动也非常重要。

要想长高，就多晒太阳、多运动，做个阳光下的男孩、女孩吧！

好想快点长高啊！
多喝牛奶！
咕嘟
牛奶
牛奶
牛奶
早睡早起？
130cm
120cm
好像并没有长高呢……
哈哈，这也算长高了吧！
呀——

## 3 6岁的我和14岁的我有哪些不同？

青春不只是指一个生命发育时期。

翻开相册，看着小时候肉嘟嘟的自己，和现在简直判若两人。你不禁感慨，时间这只无形的手是怎样把你拉得这么远呀！

褪去了婴儿肥，变声换掉了娃娃音，张开嘴再没有黑黑的小缺牙。你发现，很多小时候需要踮脚仰望的地方，如今只需抬抬手就能够到。女孩可能已经历过初潮，胸部开始发育，身姿变得越发挺拔；男孩呢，可能已开始经历一段尴尬的变声期，嘴边隐隐长出胡子，高挑的身材和低沉的嗓音见证着身体的每一处变化。

当然，时间改变的不只是身体，还有思想。长大的你不再是从前那个只知道依靠父母的小娃娃，而是已经学会了主动承担力所能及的事，开始有了不想告诉父母的小秘密；你已经能提出和父母不同的主张和看法，并以无穷无尽的热情去实施自己的想法；比起父母，你可能更喜欢和朋友相处；你开始期盼独立和光明的未来，虽然还没有想好到底要做些什么……

长高的身体让我们目及更远的地方，蓬勃的大脑促使我们去探索更丰富的世界。这，就是青春的开始。

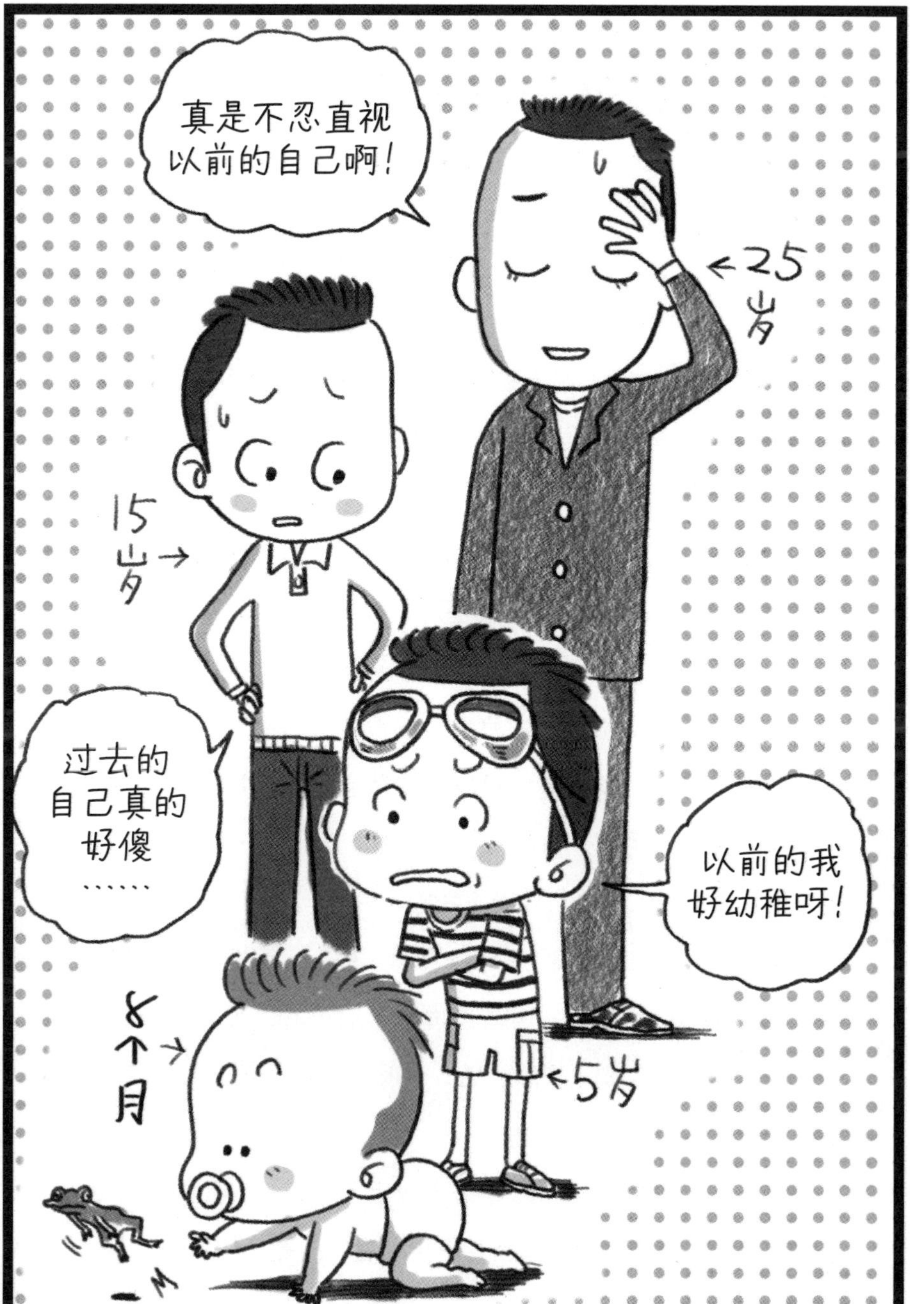
真是不忍直视
以前的自己啊！
←25
岁
15
岁→
过去的
自己真的
好傻
……
以前的我
好幼稚呀！
8
个→
月
←5岁

## 4 为什么法定成年年龄是 18 岁？

*18 岁才是社会意义的"人"真正诞生的标志。*

你总会在各种场合看到"18 岁以下禁止进入""未成年人禁止饮酒""未成年人建议由父母陪同观看"等各种警示标语，这时你总是忍不住想：为什么一定要到 18 岁？

这是因为我国的法定成年年龄是 18 岁。当然，关于法定成年年龄的规定，世界上各个国家的标准都不太一样，不过，大多集中在 16 至 18 岁。为什么是这个年龄段呢？对于大多数青少年来说，18 岁是心理和生理趋于成熟的年纪。这时的青少年看待事物已具备了初步独立思考、辨别分析的能力，能够对自己的行为负责，也能够肩负起应有的社会责任，并因此获得了选举权等成年公民享有的权利。所以说，18 岁是一个社会意义的"人"真正走入社会、独当一面的年龄。

与此同时，18 岁刚好是完成小学、初中、高中三个教育阶段，从而能够参加高考，准备迈进大学的年龄。在你步入更大的校园，进入高等教育阶段之后，也就有机会以更广阔的视角，去体味真正的大千世界了。

你所见到的各种禁令并非对未成年人的歧视，而是一种保护。只有你羽翼丰满，才具备飞向更大世界的能力！

我18岁啦！
什么是18岁？
2个月
哎，要是能活到18岁，我也算长寿了。
12岁
啊，18岁，多么遥远的童年啊，我都记不清了……
200岁

## 5 乖孩子就是好孩子吗？

忠于自己的内心，做真正的自己。

你是否有时会想，乖孩子真的代表着好孩子的最高荣誉吗？听从父母的指挥就是乖？也许，听话确实会省去父母很多麻烦，会换来父母的一声"乖，真是好孩子"的满意评价。但是，"听话"之后，你自己的心情又如何呢，真的开心吗？

如果父母过分地干涉了你的决定，你是否会因事与愿违而进行"无声的抗议"，或者进入逆来顺受的"放弃思考者"状态？其实，这两种内心活动就等同于"是你要我这么做的"和"你开心就好"的想法。

"无声的抗议"，是你因自己的决定被更改而采取的对抗性表态，你一直以来的期待被熄灭，就会在内心跟父母反着来，看似不哭不闹，实则在释放一种隐形的对抗。而"放弃思考者"是在多次不能表达和不敢表达之后，形成的一种"就听父母安排吧"的心理惯性，长此以往，你会丧失自主意识，很难再有独立思考的能力。

所以，每个孩子都应有像万花筒一样的童年，单一的评判标准只会抑制思考的可能性。在"要乖"的要求前面，正视自己真实的内心渴望，勇敢表达出来，才是真正的自己。

我想
我要……

我拒绝……

真乖，太乖了，真是个乖小孩。

# 6 为什么爷爷奶奶听不懂我说的话？

老一辈人或许听不懂你说的事，但能听懂你的心。

你和奶奶说起自己喜欢的动漫，奶奶不解地问："这讲了什么？"你难过地想，奶奶居然听不懂你说的话！

说话不只是在传递声音，更重要的是传递信息。要想理解话语中的信息就不能只靠耳朵听，还需要理解力参与。你和爷爷奶奶之间，隔着岁月铸就的观念之墙，你们眼中的世界是两个不同的时代。你在讲述你的世界，而爷爷奶奶更熟悉过去的世界。这造成了思想上的错位，而不是真的"听不懂"。而且，随着年纪渐长，大脑对信息的处理能力会逐渐减弱，所以爷爷奶奶要花费比你更多的时间去理解你说的事。

尽管如此，不管你说什么，爷爷奶奶都会耐心倾听，尝试理解，也许他们听不懂你说的事，但能听懂你的心情，知道你是快乐还是悲伤。比如你数学竞赛失误，哭了一整天，他们不懂你说的细节，但能理解你的难过，会劝你多休息，做一顿你爱吃的饭菜，用最朴实的语言和行动慰藉你。

和爷爷奶奶多说一些与你有关的事吧，情感的交流比内容本身更重要。因为爱会让你们拥有共通的语言，那是更深层次的"懂你"。

爷爷，
您其实完全听不懂，
对不对……

是啊，
对不起……

没关系，谢谢您
能耐心地听我说。

我最爱
爷爷了！

# 7 做事慢吞吞就是错吗？

保持自己的节奏，让兔子成为兔子，蜗牛成为蜗牛。

散文《牵着一只蜗牛去散步》中讲了一位家长带着慢吞吞的孩子去散步的情景，里面有一句——我催它，我唬它，我责备它，蜗牛用抱歉的眼光看着我，仿佛说："人家已经尽力了。"

做事慢吞吞不是错。慢吞吞的乌龟凭着不间断和不服输的精神赢得了和兔子的比赛。在孩子的世界里，慢很常见，并不算问题。两三岁的孩子穿件衣服要十几分钟，因为这个年纪的孩子脑部发育不全，处理不了精细的动作。五六岁的孩子无法按时入睡，因为他们还没建立起时间概念。八九岁的孩子不能按时完成作业，总是玩玩写写，因为他们的专注力只能持续十几分钟。这些都是不同生长发育阶段投射出来的自然规律，所以我们大可不必谈慢色变。

改善做事拖拉的一个很好的办法，是将时间可视化。做事时拆解步骤，借助闹钟、手表等工具定时或给动作设时间节点，以此来练习"心中有时"。

长大之后，你会发现很多工作反而会强调"慢工出细活"。还有很多形容"慢"的美好词语，如从容、淡定、不徐不疾……最好的成长，是保持自己的节奏，让兔子成为兔子，蜗牛成为蜗牛。

快一点,上学要迟到了!

放学后

快一点,今天书店有新书到了,我们抓紧去!

牛奶

垃圾

快一点,马上就要红灯了!

等等。

哇!!

呼—

不着急,我们等下一个绿灯。

好的。刚才吓死我了……

## 8 如何让自己的语言更有逻辑？

遵循顺序，表达事实。

有时候，我们想跟班里的同学分享心得，却总是不知道从哪里讲起。又或者，我们要做一次演讲，准备发言稿时，思路却像一团乱麻。这时该怎么办呢？

方法很简单，只要遵循一种有章可循的思路顺序，就能组成有条理的讲话内容。比如，当你想描述一处风景或某个环境时，可以用从左到右或由远及近的顺序法。以参观颐和园为例，你可以说："昆明湖位于万寿山的南麓。湖的西方，西山高峰耸峙。"除此之外，还有一个原则就是，与主题相关的多说，无关的少说或不说。

当想表达自己对某件事的看法时，我们也可以采用论证法，即提出论点，然后举例支撑自己的观点。比如，你想表达"今天天气不错"，后面想用论据支撑这个观点时就可以说"天气预报显示是晴天"，或者说"看到天空万里无云"。需要注意的是，能支撑自己论点的内容一定是有依据的事实，主观感觉不能当作论据。比如，"我觉得已经可以穿短袖了"，就不能作为依据，因为这只是你个人的主观想法。

当然，这并不是说个人想法不能说，而是在公开场合讲话时，我们需要以更加严谨和理性的态度去发表自己的看法。

小小动物园
小白兔 的门 呼呼
跑丢了！昨天有人忘了关
你饲养的那只
?
饲养
小白兔
动物园
呼噜
昨天有人忘了
关小小动物园的门
你饲养的
那只小白兔
跑丢了！
我明白了，
我这就去找！
哒哒

# 9 为什么紧张时总会肚子疼？

*肠道也有情绪。*

每次考试之前，你总会突然开始肚子痛，感觉仿佛有东西在肚子里上蹿下跳……其实，这是人在遇到紧张的事情时所表现出来的生理反应，俗称"压力"。在重大考试、上台演讲或参加比赛时，很多人都会有这样的感觉。

压力出现时，肚子里的肠道神经系统作祟，会让我们当下的紧张感"体征化"。我们会紧张得肚子疼，甚至有想去洗手间的冲动。这是因为肠道收到精神紧张的信号后，主管肠道的自主神经系统中的交感神经被激活，导致肠道肌肉紧绷、加速蠕动，从而引发腹部疼痛和肠道功能失常。

除了肚子疼，在极度紧张时，我们可能还会出现心跳加速、手心脚心发凉、冒冷汗等情况。这时，可先深呼吸，使心跳恢复正常，让大脑恢复思考能力，避免自己在考试或演讲时大脑一片空白。此外，养成运动的好习惯可帮你缓解肠道应激反应，因此最好能保证每天运动 20~60 分钟。

面对重大考试或重要场合，重要的是反复巩固、多次练习，做足准备工作。胸有成竹，遇事不慌，才是对抗紧张感的不二法宝。

语文作文
数学竞赛
舞蹈比赛
手抄报
围棋活动
听妈妈的话
哎呀，主人，压力太大了！
压力源
压力源
吃不了啦，要炸了！
哇
哇……
哇……
压力源
还好主人及时哭了一场，要不然我就炸掉了！

## 10 为什么有的孩子就像有多动症？

上天为多动症儿童关上一扇窗，又为他们打开了一扇门。

你见过电视信号不好的样子吗？时而出现画面，时而变成断断续续的雪花点，多动症人群的世界就是这样。注意缺陷多动障碍（ADHD），简称"多动症"，有这类障碍的孩子可能十分顽皮，不按时完成作业，不守规则，让老师和家长十分头疼。

然而，这不代表我们可以随意给一个孩子贴上多动症的标签，毕竟活泼好动本就是孩子的天性，至于是不是多动症，需要找专业的医生来判断。

不过，即使被诊断为多动症也不必过度担心。多动症并不是一种病，甚至此类孩子往往拥有丰富的想象力。历史上的音乐家莫扎特、画家毕加索和达·芬奇……这些我们熟知的天才其实都是多动症患者，他们都有独属于自己的"隐藏技能"。

生活中，多动症孩子可以通过规范的集中注意力训练来改善自己的情况，从每天训练 5 分钟逐渐递增，坚持 3 个月即有明显变化。此外，一个有爱的环境同样重要。来自父母、师友的情感支持会在我们"落后"时赐予我们勇敢向前的信念力，让我们知道不管多难都有爱相伴。

有些人的世界就像信号不太好的电视，他们忍受着断断续续的信号，但依旧努力地生活……
哒
哒
哗——
哗
好渴啊，倒点水喝吧……
我刚刚要做什么来着？

## 11 与人沟通不畅怎么办？

理解和接纳不同，是与他人交流的万能钥匙。

你在生活中有没有遇到过这样的人？跟他谈论一个话题，不管你怎么解释，都好似对牛弹琴，对方总是无法理解你的想法，让你倍感无力。

其实，这是因为你们的认知存在差异。世界上有形形色色的人，并不是所有人都能理解我们所要表达的内容。每个人的理解力和思维方式也会因不同的成长环境和教育背景而不同。我们可以尝试耐心与对方沟通，如果经过一番努力仍无法达成共识，不要强求，更不要因此怨声载道。除了认知差异，双方各自的表达方式也可能不匹配，就像不匹配的齿轮无法咬合一样，这也会造成人们无法互相理解的局面。

不被理解实在太过正常，不必为之过于苦恼。人与人之间能够在交流一件事情时，思维同频，明白彼此的观点和初衷是很难得的，这种投缘是很罕见的。因此，我们无须强求对方总能理解和认可我们。包容这份不同，并与之真诚相处，便可收获一份平和而友好的人际关系。

所以，当我们遇到无法理解的人和事时，请先试着耐心沟通，如果仍然无效，亦可拿出包容的心，冷静地接受这种不同。

我们一起玩沙子吧。

快看,我发现了海星!

就这么安安静静地欣赏也不错呀。

哇!

23

## 12 情绪为什么千变万化？

多正面，少负面；多冷静，少过激。

人的情绪就像血液一样流淌在我们的精神世界中，比如愿望实现时，"快乐"马上会降临；考试成绩不理想或丢了心爱的东西时，"悲伤"立刻会涌上心头。只要你经历一件事，就会因情境不同而产生不同的心情，这种人体为了适应新的境况而产生的生理反应就是情绪。"情绪触角"无时无刻不感知着外面的世界，可以说，只要有思维，就会有情绪。

拿破仑有一句名言："能控制好自己情绪的人，比能拿下一座城池的将军更伟大。"控制情绪的难度可见一斑。不过，再难也要应对，因为一旦被某种坏情绪裹挟时，人就会变得冲动。而且，还有研究表明，积极、乐观的孩子的智力水平要比悲观、忧郁的孩子高。（此处智力水平不单体现在智商上，还体现在记忆力、创造力、想象力等众多方面。）所以，努力做个阳光积极的少年吧！

生活中，如果遇到负面情绪，可尝试深呼吸来让自己冷静，在心里对事件进行梳理，或试着用第三视角看问题，努力从情绪的谜团中将自己抽离出来。如果有足够的时间，你还可以找到一双倾听的耳朵，说出自己的不快，来缓解不良的情绪。

不同的人面对同一件事，可能有截然相反的表现。

真好，我可以多吃一个丸子。

怎么只给我留一个丸子？

突然下起倾盆大雨。

回到家衣服全都湿了，真倒霉。

回到家雨就停了，能看到彩虹，好开心。

## 13 有驾驭生气的魔法吗?

我不生气,没什么大不了的。

生活中,你是点火就着的小炮仗吗?爸妈不给你买想要的东西,你就发脾气?朋友不小心碰乱了你的东西,你就忍不住抱怨?就连课上没能答好老师的提问,你也会暗自生气?

虽然发脾气是一种释放坏情绪和表达观点的方式,但如果我们总因为一些小事就乱发脾气可就不太妙了,毕竟生气不仅会影响我们的身体健康,还会破坏和亲近之人的关系。你总不想成为被孤立的"孤家寡人"吧?

那当坏情绪袭来,我们该如何控制自己呢?首先,给自己明确决不能越过的原则线,如不能打人、骂人,气头上不说伤人的话,控制不住情绪时可先离开……让这些"红线"为我们把第一道关。之后,我们要善用心理暗示,如预感要乱发脾气时反复告诫自己"我不生气,没什么大不了的",坏情绪喷薄欲出时,可以靠数数来转移注意力,慢慢从1数到10,如果还生气就数到100。稳定了冲动的情绪后,再来分析生气的原因,就能找出正确的应对方法:因为任性而乱发脾气要自行改正;因为别人犯错而生气就清晰地告诉对方自己生气的重点,提醒对方有针对性地改正。

像这样,我们把怒火分步骤化解,就拥有驾驭生气的魔法啦!

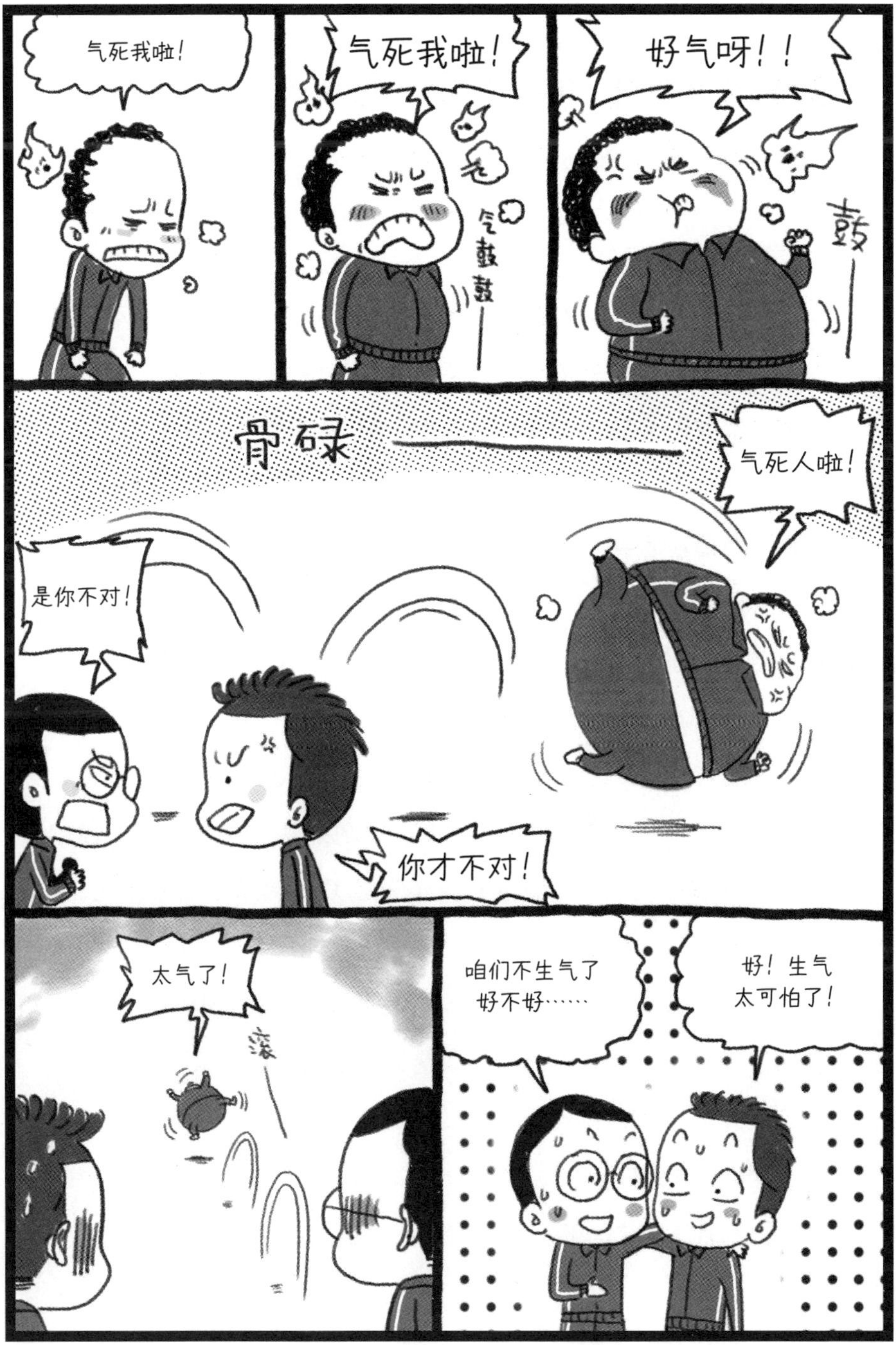
气死我啦！
气死我啦！
气鼓鼓
好气呀！！
鼓
骨碌
气死人啦！
是你不对！
你才不对！
太气了！
滚
咱们不生气了
好不好……
好！生气
太可怕了！

# 14 怎么打败"压力"这头怪兽呢？

压力像弹簧，你弱它就强。

美国著名高空钢索表演艺术家瓦伦达，在一次演出中不幸失足身亡。据他的妻子回忆，瓦伦达十分重视此次表演，以至于事前总担心出现不好的情况，这让一向稳健的他陷入恐慌，最终引发了惨剧。这就是心理学上的"瓦伦达效应"的来历，也是压力在生活中的真实体现。

这样的例子还有很多：生病后爱胡思乱想，考试前紧张得难以入睡，妈妈总夸别人家的孩子让你烦躁不已……这些都是我们承受了超出自身能力范围的负面情绪而产生压力的表现，它使人陷入惊恐，让我们试图逃避或抗拒某些事或某些人。

压力就像一头如影随形的怪兽，战胜它需要爱与智慧。我们首先要爱自己，才可以从别人给予的爱中给自己增添勇气。有了爱当后盾，我们再发动智慧去突破，如学会分解困难，列好清单一项项去完成，困难被克服之时就是压力被驱散之时；又如学会表达，及时纾解负面情绪，向他人求助，众人拾柴火焰高，打败压力不是问题！

世间万物皆有两面性，压力也不例外。当我们学会化压力为动力，不断突破时，压力也自然能转化为鼓舞我们前行的力量。

演讲比赛决赛

她的演讲好完美啊!记忆力那么好,前后衔接得非常流畅。

我真的能赢过她吗?

他的演讲好完美啊!声情并茂,一下子就调动了现场听众的情绪,我真的能赢过他吗?

评审团

冠军应该给谁呢……

这两人都很优秀,冠军应该给谁呢?

## 15 在成功之前,他们都曾是"笨蛋"吗?

失败,是为成功积蓄能量。

有这样一组数据:尝试 1 次,失败的概率是 90%;尝试 10 次,失败的概率骤降到 34%,而成功的概率就变成了 66%。那么,尝试 100 次呢?你可以自己想一下。

要知道,那些你知道的成功人士往往都经历过很多次失败。比如,J.K. 罗琳在出版《哈利·波特》之前,曾被出版商拒绝了 12 次之多。青年钢琴家郎朗曾因不堪承受练琴的压力而一度陷入情绪的谷底。迈克尔·乔丹在成为篮球巨星之前,输过几百场比赛,可他仍说:"我一生不停地失败,失败之后再失败,这就是我成功的原因。"

也许我们每个人都在追求一帆风顺,可当一件事畅通无阻、毫无障碍时,并不见得完全是好事。因为,失败会为成功积蓄能量,是我们做出正确答案之前所排除的错误选项。就像汽车上坡之前要先在平地上猛踩油门,这是为了积蓄更大的燃油动力来助力爬坡。那些伟人的成功,源于他们把失败看得很淡,不被失败的情绪左右。只有从失败中吸取经验教训,从失败中明白下一次要改变的方向,才能最终收获成功。

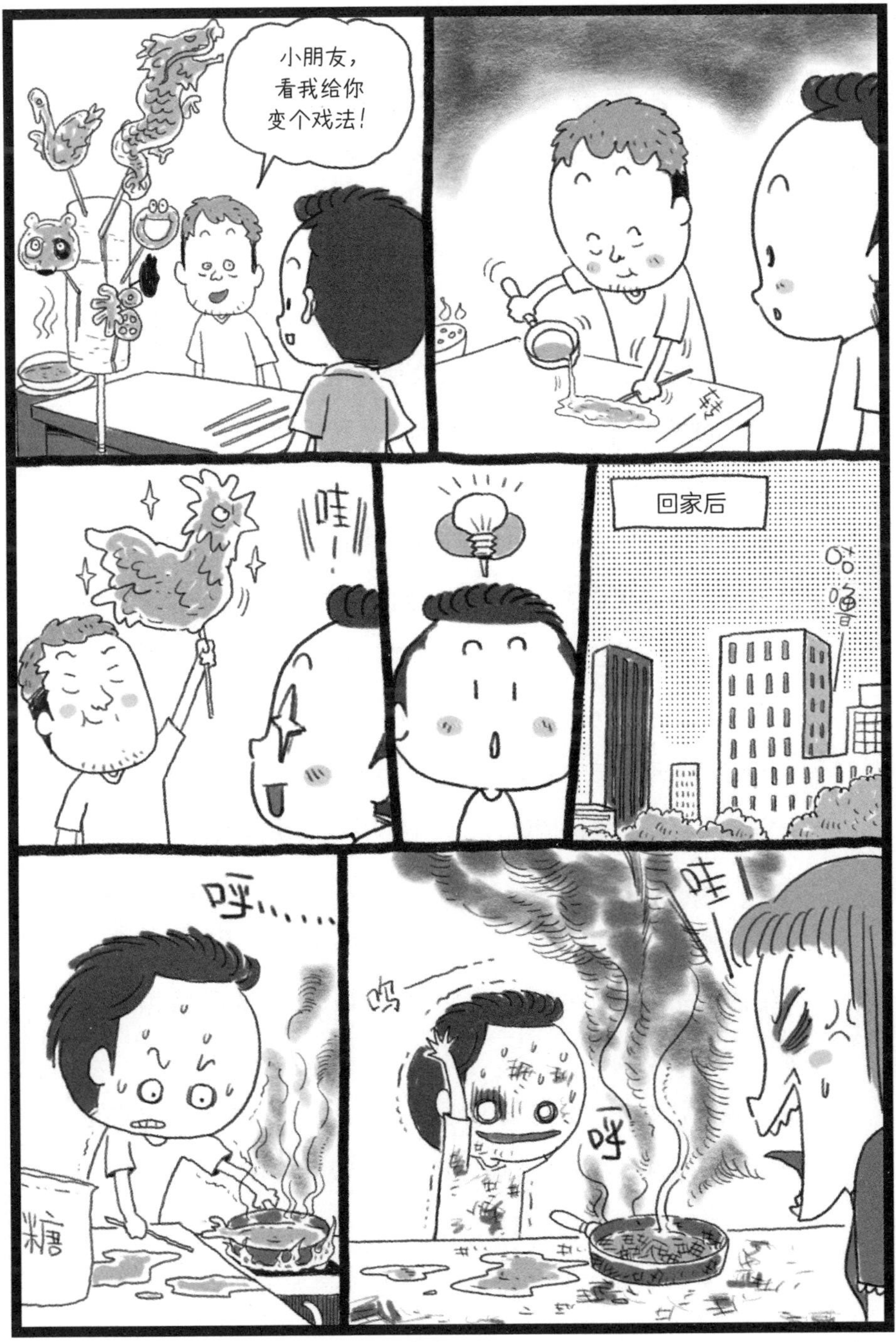
小朋友，
看我给你
变个戏法！
转
哇！
回家后
咕噜
呼……
糖
呜——
呼
哇！

# 16 为什么要养成不抱怨的习惯？

*怨怒燃起敌意，豁达重拾希望。*

上学迟到了，你会不会抱怨妈妈没早早叫你起床？比赛没能获奖，你会不会抱怨赛制不太公平？如果你的回答都是肯定的，那你就要反思一下了，为什么总是在找别人的问题，而忽略自身可能存在的问题呢？

美国传奇作家马娅·安杰卢曾说："如果你看不惯某样东西，那就改变它。如果你无法改变它，那就改变你自己的态度。"抱怨，归根结底是推卸责任，一个不愿承认自己不足的人，也许永远也无法弥补不足。

宋代文学家苏轼命运坎坷，一生历经波折，饱经风霜，但他没有怨天尤人，而是保持乐观，接纳现状。甚至被贬到远至"天涯海角"海南儋州后，他依然能苦中作乐，写诗、作画，自娱，自愈。这就印证了那句话：怨怒燃起敌意，豁达重拾希望。

生活难免会有不尽如人意的时候，烦恼和困难不会因你的怨天尤人而得到缓解。相反，如果想要改变现状或得到一个更好的结果，就要先学会接纳不如意。接受就是一种虚心求教的开放心态，遇事多想好的方面，正所谓"境随心转"，停止抱怨，着手去做，问题终将得到解决。

你还真有脸说我，大部分时候不都是因为你淘气！

都是老爸你，总是惹老妈不停抱怨！

# 17 我们为什么要上学？

读书，让你踮起脚尖，看到更大的世界。

自6岁上学以来，我们人生中的十余载光阴都要在学校度过。社会上更有"活到老，学到老"的倡导，可你是否真的思考过，我们到底为何一定要上学？

上学的本质是接受教育，是老师将这世间的规律和经验传授给你。而上学也是我们用自己的力量为未来人生定制专属答卷的过程。你的成绩也许不太好，但接受过学校的教育，一直秉承着迎难而上、坚持不懈的精神，你会自然而然地收获更多，形成良好的人生观、价值观和世界观。

学校就像连接你与未来人生的一条通道，无论你的理想是什么，都需要先走进学校寻找答案。

假如你能成为一名作家，甚至著作等身的文学泰斗，很可能是因为你在完成老师布置的作文后发现了这项才华。又或许，你将来会成为一名法官，可能是因为你在参加学校举办的班级辩论会后发现自己原来极善逻辑思辨。再或许，你未来会成为一名推动社会进步的生物学家，研制出一款战胜绝症的新型药物，而这很可能是一堂生动的实验课带来的启发。

学习可赋予你选择更有意义的生活的权利。接受学校教育的"洗礼"，是你在为未来的自己而努力。

我们来采访一下小朋友们为什么爱上学吧！
TV
因为知识是进步的台阶！
请问我上镜吗？
TV
因为……
学习知识就会……就会充满力量！
TV
嗯……
为什么爱上学？
TV
因为我去上学，妈妈就会轻松很多，否则她会崩溃的！
你还真是孝顺呢……
唉
TV

# 18 质疑的力量有多大？

学会质疑，才能填补未知，拓展可能。

伽利略质疑地球是宇宙中心，开启了现代天文学的进程；瓦特质疑传统手工业生产方式，发明了蒸汽机、纺织机等机械设备，推动了生产力的飞速提升；爱因斯坦颠覆了牛顿力学的经典观念，提出了相对论，引领现代物理学进入新时代。可见人类文明的发展中，有一种非常重要的推进力量，那就是——质疑。

固化思维会限制我们的想象力和创造力。所谓认常理，就是把事物看得太绝对，以为现有的一切都毋庸置疑。这样的思维方式会使我们的思想局限在已有的框架内，没有了创新的意识。如果我们认为凡事只有一种答案，当我们真的遇到困难时，不具备多角度解决问题的思维，或许就只能束手无策。

因此，学会质疑是一种重要的思维习惯。无论对待任何事物或理论，都不要被所谓权威遮盖了双眼，而是要勇于再问一句"为什么"，再向前一步，也许就会发现"新大陆"。

质疑，其实就是一个探险的过程。我们要勇敢地踏上未知的旅程，去发现新的世界。只有在不断质疑和探索中，我们才能找到真正的答案，收获更多的知识和智慧。

地球真是圆的吗？
我们真的一直围着太阳转吗？
人类真的是从猿猴进化来的吗？
万有引力真的存在吗？
咔——
哇！这是真的鸡蛋！
这个败家子……
呼

# 19 为什么是他不是我？公平是什么？

公平，是对合理的终极追求。

公平就是见者有份？——一场校园运动会之后，每个运动员都得到了一个运动水壶作为奖励，重在参与，人人有份。

公平应该按需分配？——你把自己的生日蛋糕分给在场的每一个小朋友，别人都是同样大小，只有你自己的那块奶油更多。

公平是少付出者少得，多付出者多得？——去音乐厅观看音乐会，买高价门票就会有观赏体验更佳的前排座位，而较低票价的座位离舞台较远，观赏体验也大打折扣。

你是否觉得这3种都有各自的道理？的确如此！公平是个复杂的问题，在不同的规则和视角下，公平就会有不一样的评判标准。"重在参与"的公平旨在鼓励所有人参与活动，而不是仅仅关注结果；"按需分配"的公平根据不同角色和需求分配资源，体现对特定角色的尊重和优待；"多付出者多得"的公平强调付出与回报的对应关系，强调资源分配的效率和激励机制。

所以，你是否发现了，公平就是在不同标准下找到合理分配的准则，是让每个人得到他应得的东西。知道这些以后，你回头再思考一下开头的3个问题，是不是会有新的收获？

好困啊！
还想睡觉……
不许睡！
这不公平！
汪
妈妈，我也
要吃零食！
马上吃饭了，
吃啥零食！
这不
公平！
好了，
先去遛狗吧。
吓！
为什么他不用拴绳？
这不公平！
汪
汪

## 20 为什么孩子也要学会"吵架"？

勇敢表达，为自己添上保护色。

提到"吵架"，很多人可能会皱起眉头，认为这不是一个值得提倡的行为。但实际上，对孩子而言，"吵架"绝非洪水猛兽，反而是一种重要的沟通技巧和社会适应力的体现。

值得注意的是，这里说的"吵架"，可不是无理取闹地争吵，而是一种勇敢表达自己观点和感受的方式。在成长过程中，你会遇到各种各样的情况，有时候，仅仅靠沉默或者退让并不能解决问题。比如，同桌总是未经同意就拿走你的文具，如果你不敢表达自己的不满，这种情况可能会再次发生。而学会"吵架"，你就可以勇敢地告诉同桌："这是我的，你不能随便拿。"这或许就能维护自己的权益。

当然，教你"吵架"，不是鼓励你去攻击别人，而是要让你学会用恰当的语言和方式表达自己。比如，要倾听对方的观点，再阐述自己的想法；要保持冷静，不被情绪左右。

通过健康、积极且富有建设性的"吵架"，你能锻炼自己的沟通能力和解决问题的能力，还能学会倾听、尊重和包容他人。所以，不要认为"吵架"一定是不好的行为，在恰当的时候，勇敢地为自己发声吧。

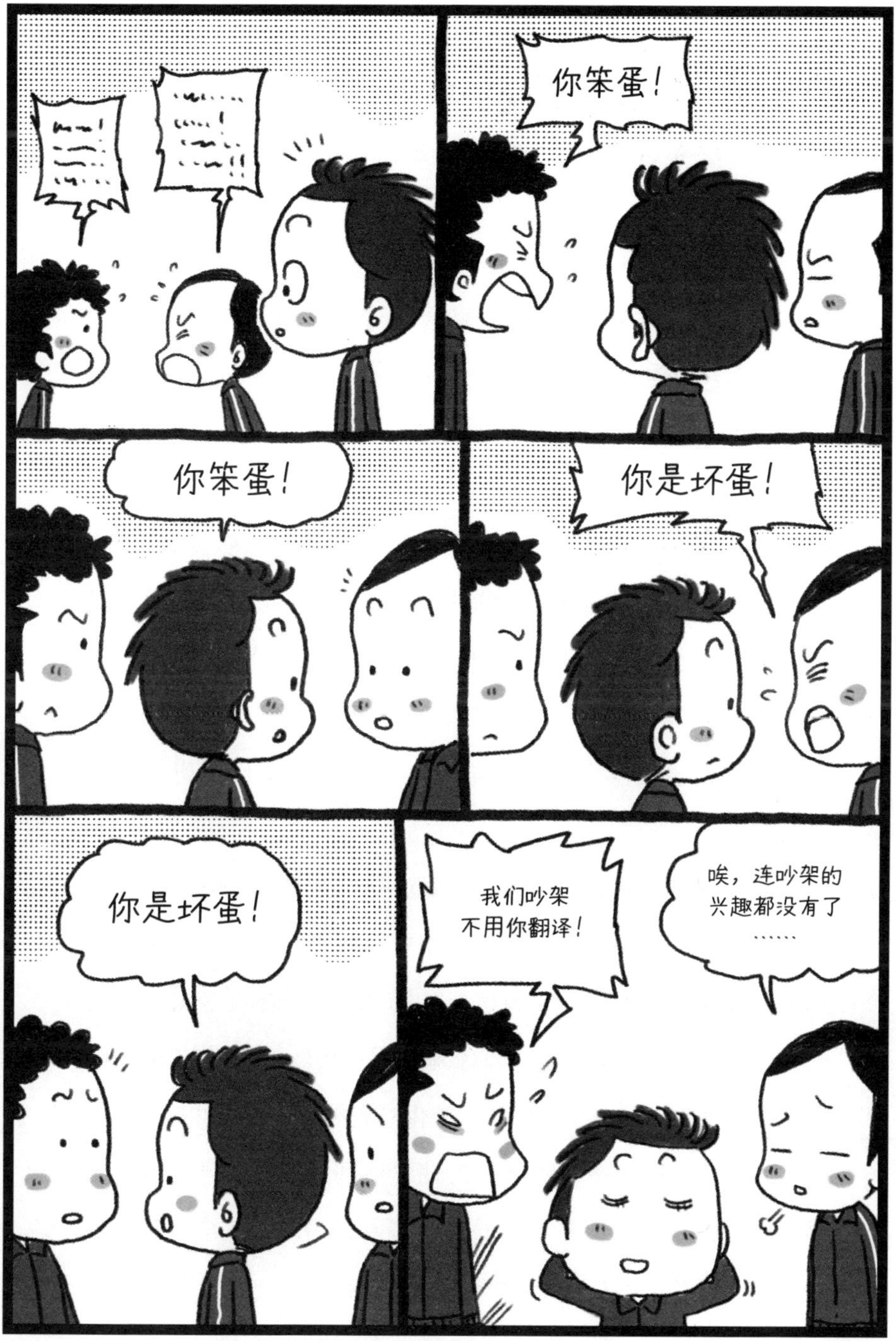
你笨蛋！
你笨蛋！
你是坏蛋！
你是坏蛋！
我们吵架
不用你翻译！
唉，连吵架的
兴趣都没有了
……

## 21 为什么我们要维护好班级纪律？

班级是我家，纪律靠大家。

"你们简直是我带过的最差的一届，瞧瞧人家隔壁班……"此话一出，班里顿时鸦雀无声，同学们一个个缩着头听老师训话，下课后还要被隔壁班的同学嘲笑"又挨说了"。你心里顿时觉得没滋没味的。

每一个心存集体荣誉感的同学都期盼自己班能受到称赞，要想做到这点，就要时刻维护好班级纪律。或许你会说，又是老一套，遵守那么多条条框框多累呀，我可不愿受束缚。但如果我们换个角度想呢，你难道不想和好朋友一起坐在一个舒适的环境里学习吗？你难道不想别人提起你们班时都竖大拇指吗？

当我们遵守纪律的时候，不要觉得这是被迫去做的，而应想着我这么做，同学们才能在班里更舒服、更开心。只要能这样想，自习课上看见埋头写试卷的同学，你就不会想说话打扰他；教室的地上出现垃圾，你就能随手捡起；外出游学时，每个人也都会自觉找好位置排队，确保行程顺利……

当我们怀揣集体荣誉感去关注这些问题时，遵守纪律就不再是刻板的规矩，而是自然而然的举手之劳。而这个受到大家拥护的班集体，也会成为像家一样温暖的存在。

一班
二班
偷听
偷听
哇！
呀！你在干吗？
我还想问呢，你在干吗？
老师总说自习时你们班纪律比我们好，我就想听听看是不是真的。
不对吧，老师明明说你们纪律比我们好，所以大家才派我来看看……
所以到底哪个班的纪律好？
我看好像都差不多……
老……老师……
哇！
呼

## 22 为什么说越紧张越坏事？

给心态松绑，才能收获好结果。

你平时成绩不错，可每逢大考就会异常紧张，考出的成绩不尽如人意。一上考场，你就心跳加速、胃部痉挛、手心冒汗、注意力不能集中，无法发挥出原本的水平。

其实，不管是青少年还是成年人，都会有发挥失常的时候。詹森是一名短道速滑运动员，曾经 7 次打破世界纪录夺得冠军，但他参加的所有冬奥会都铩羽而归。在冬奥会的赛场上，他不是摔倒、抢跑，就是犯规。总之，冬奥会上他始终发挥不出自己应有的水平。后来，体育界干脆用"詹森效应"来形容在重大赛事上无法发挥出正常水平的现象。

既然实力雄厚，那为什么会在考场上失误呢？公认的解释就是心理素质问题。得失心过重，心理压力过大，就会导致怯场，抑制潜能的正常发挥。

如果总是"关键时刻掉链子"，就要锻炼自己的心理韧性，明白心理包袱源自对失败的恐惧。越看重的事情，越容易发挥失常。学会用平常心为自己卸掉压力的枷锁。反复暗示自己"失败也没什么大不了"，通过这种挫折适应性训练提高我们的心理素质，克服对失败的恐惧。当你内心真的接受了失败，就不会再因过分紧张而坏事了。

明天就是 100 米比赛了，你不紧张吗？
有啥紧张的，我轻轻松松就能拿第一！
第二天
有什么可紧张的，嘿嘿……
选手各就各位！
真的没问题吗……
他好像一夜没睡呢……
还有那是什么起跑姿势啊……

## 23 心理创伤真的会随时间而自动愈合吗?

打败痛苦的最好方法,是直面痛苦。

皮肤被割破了,过段时间伤口就愈合了。心理创伤呢,不管它,慢慢伤痛就能消失吗?

答案是否定的。一个人在经受了如车祸、大地震等重大灾难后,心中很容易留下无法轻易愈合的伤痕。它不会被时间冲淡,更有甚者,如果童年遭受过虐待或霸凌等痛苦,不管过了多久,每次忆起仍像昨日发生的一样清晰。

能自愈的伤痛,仅仅指那些轻微的擦伤。而对那些重大的心理创伤,则需要进行专业的治疗和干预。如我国在2008年汶川大地震之后,精神科医生以及音乐治疗师等心理问题专家都曾赶赴灾区对伤者或家属进行心理疏导。

除了药物之外,你一定想不到,最好的治疗方法竟是——直面痛苦。大脑总会不受控地涌现出那些痛苦的瞬间,像响雷一般猛烈,这种症状叫"闪回"。对此,心理学上有个疗法叫"延长暴露",是将自己的痛苦回忆一次次反复重现,以此来让自己"适应"痛苦,让患者内心对痛苦的反应逐渐减弱,对痛苦的敏感度逐步降低。

记忆不会随时间的推移而消失,与其害怕袒露内心苦楚而选择逃避,不如以坚韧的毅力直面痛苦的回忆。

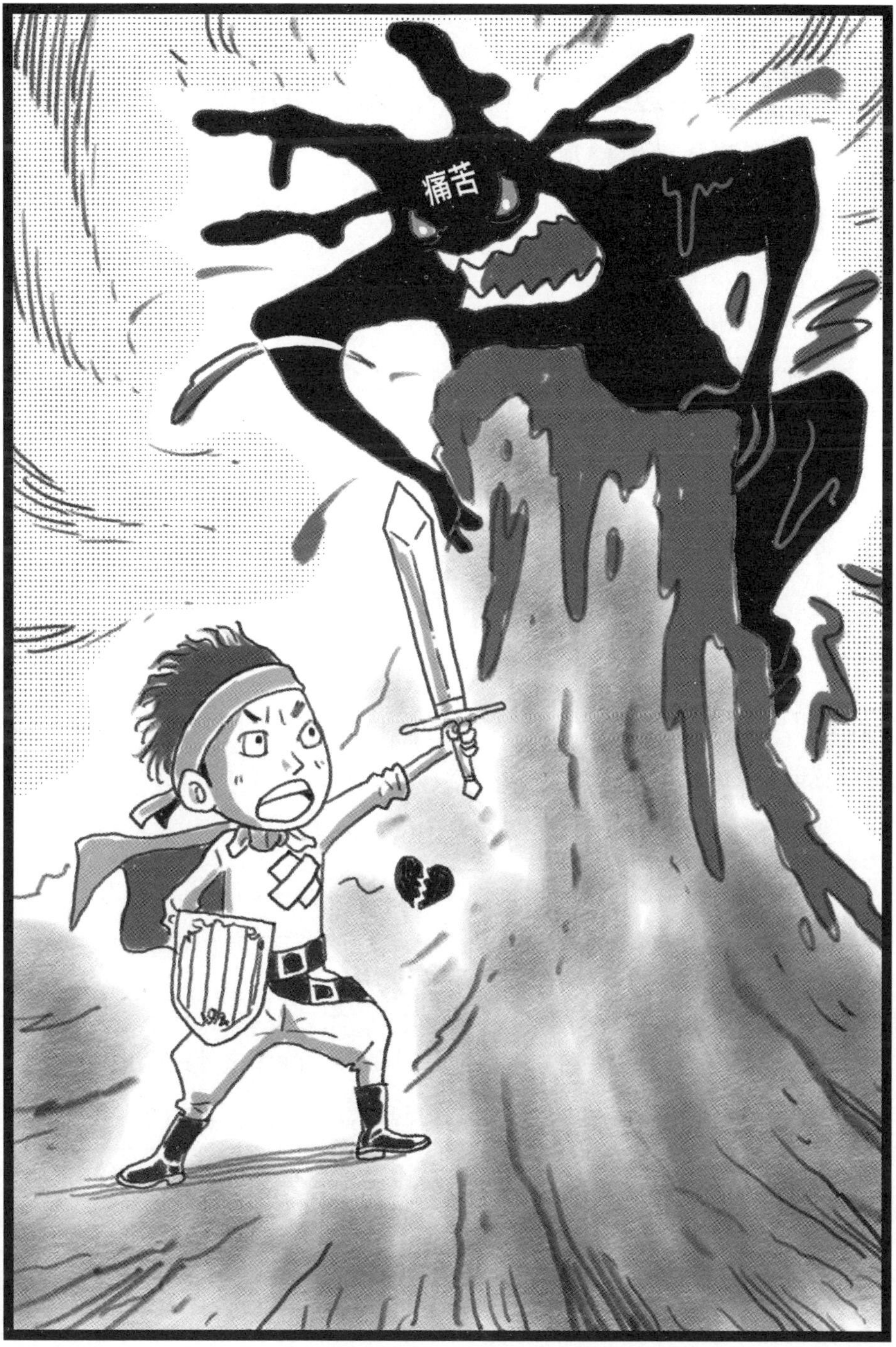
痛苦

## 24 身体遇到"小状况",如何不用慌?

做自己的健康守护者。

啊,花刺扎进手里——好疼啊!可爸爸妈妈没在身边,必须独自面对这个小伤口,该怎么办呢?你是不是在后悔没学点常用的应对小状况的诀窍?

手指被刺破了,指尖传来火辣辣的痛感,尖锐的疼痛直达神经。别急,如果皮肤上还有部分刺尖留在表面,可先用镊子轻轻拔出。如果刺比较粗,拔出后会有轻微出血,用酒精消毒之后再用纱布或创可贴包好。再比如,眼睛里进了沙子,有强烈的异物感,千万不要一味地大力揉眼,这样可能使角膜受伤。这时可以频繁眨眼,让眼泪将异物冲出来。如果还不见效,要立刻用生理盐水冲洗。打嗝也是困扰你的事,打嗝的感觉像胃里的气体要向上冲出来一样。应对方法是先尝试分散注意力,然后一口一口地往外呼气。还有个方法是按压手腕内侧的内关穴,这个穴位位于手腕横纹下三横指的位置。

以上这些都是生活中常见的意外状况,除此之外还有皮肤割伤、鱼刺卡喉等情况,当爸爸妈妈不在身边时,我们要学会用正确的方法守护自己的健康,并且留意这些不适感的描述方式,这样万一使用了这些举措还是无效的话,便能第一时间告诉父母并向医生求助。

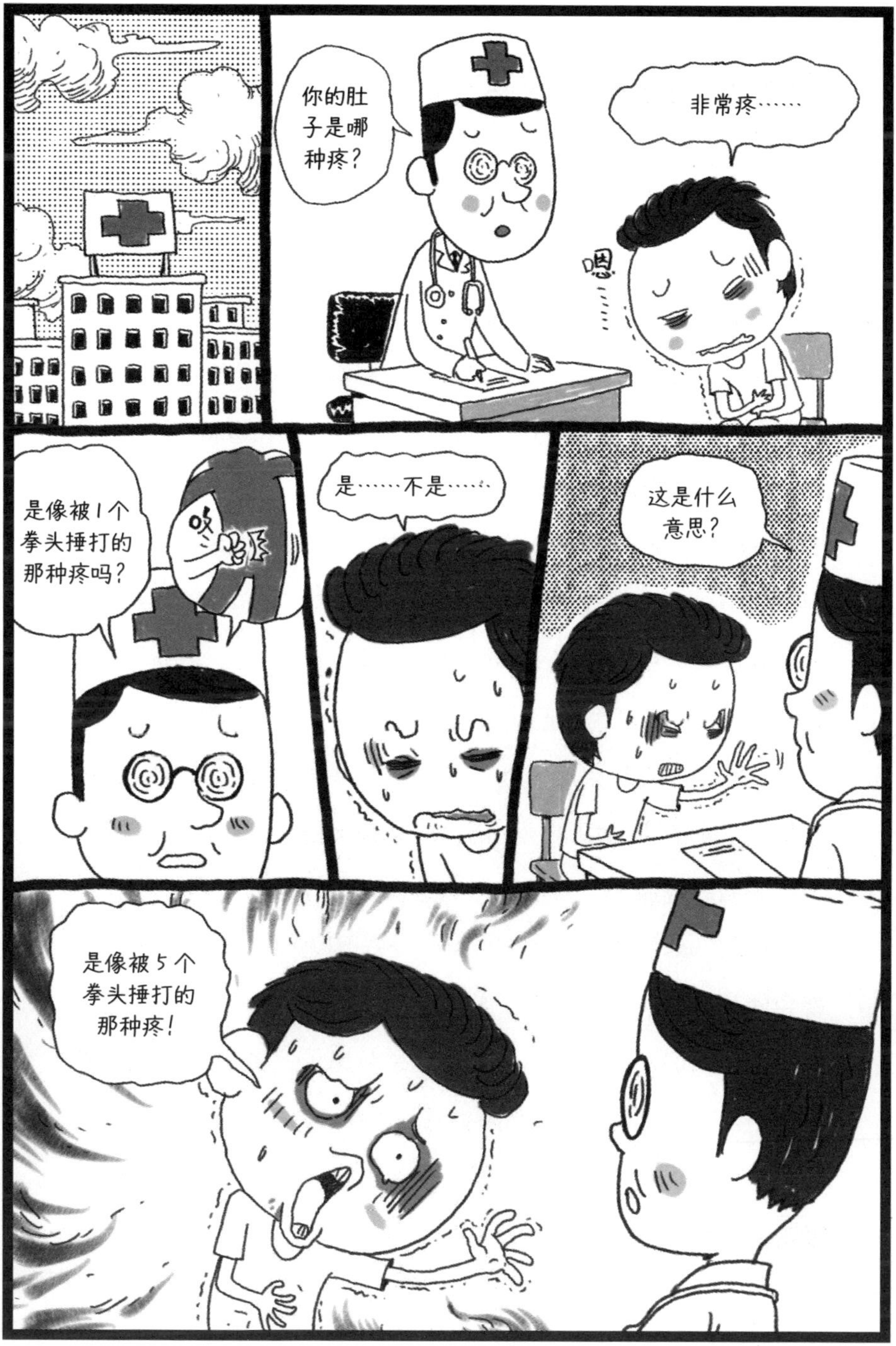
你的肚子是哪种疼？
非常疼……
嗯
是像被1个拳头捶打的那种疼吗？
咚
是……不是……
这是什么意思？
是像被5个拳头捶打的那种疼！

## 25 切洋葱时，我为什么会流泪？

人类洞悉万物的本领，深藏在知识中。

洋葱，又被誉为"菜中皇后"，因其价格低廉、营养丰富而深受人们喜爱，日常拌凉菜、炒菜、烧烤等都能用到它。不过，这个"皇后"的脾气可不小，气味的杀伤力极大。每次切洋葱时，人总会忍不住流泪，这是为什么呢？

原来，让人流泪的是洋葱中含有的一种叫蒜氨酸酶的物质。切洋葱时，洋葱释放出的蒜氨酸酶与洋葱自身所带的氨基酸发生化学反应，就会生成一种刺激性气体。这种刺激性气体进入眼睛，就会使人产生流泪的生理反应。

那怎样才能避免流泪呢？方法有很多！比如，你可以用两面都沾了水的菜刀切洋葱，因为刺激性物质可溶于水，这样就不会刺激眼睛流泪了。你也可以选择在切洋葱前先把洋葱放入冰箱冷藏，或用微波炉短时加热一下，因为过高或过低的温度都会使蒜氨酸酶失去活性。从源头解决问题，自然问题就无法作怪啦。我们还可以把自己全副武装起来——戴上护目镜，堵住鼻子，屏住呼吸，将刺激隔绝开，同样可以"百毒不侵"。

你看，掌握科学知识是多么重要，它让我们生活中的很多难题迎刃而解！

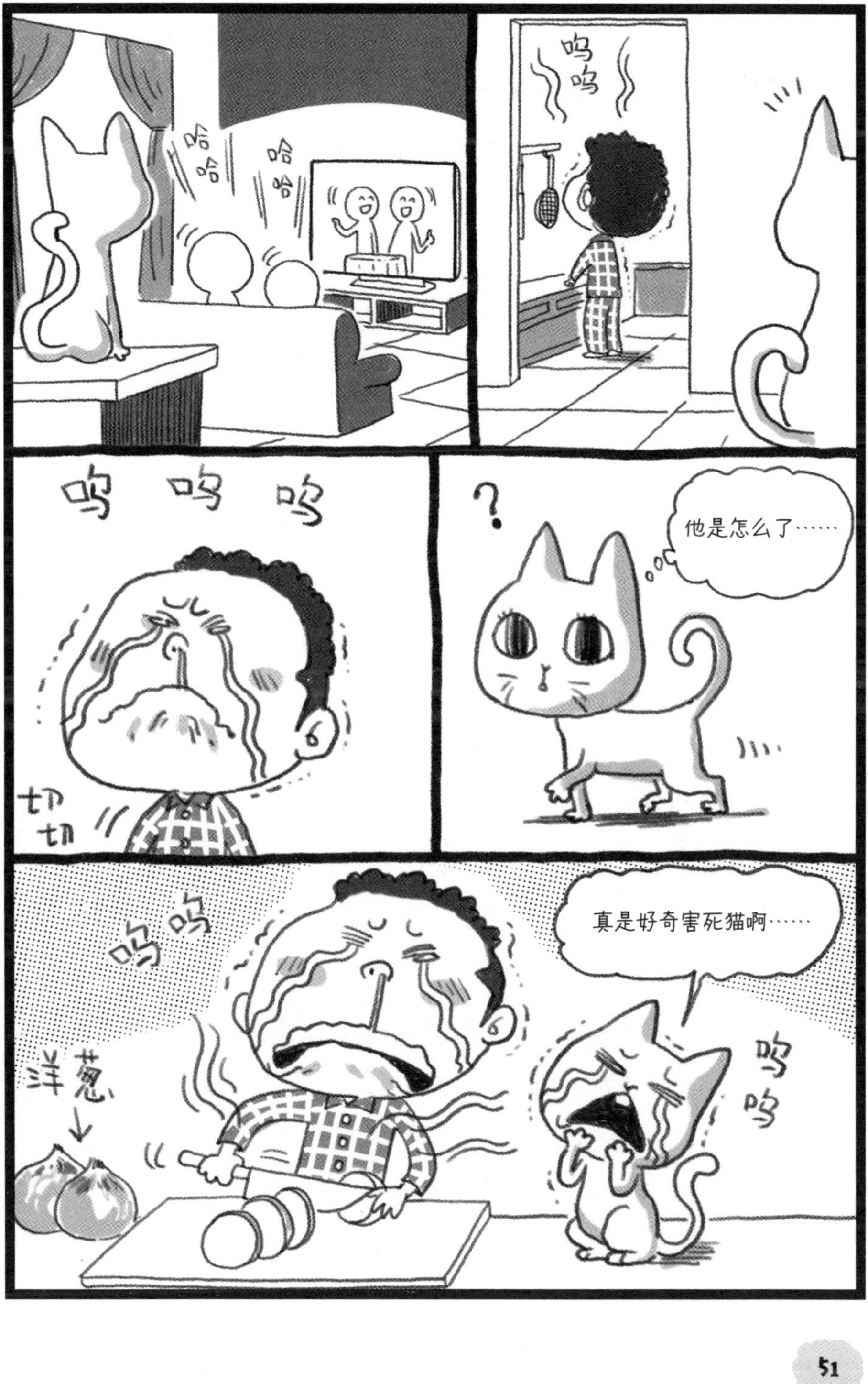
哈哈
哈哈
呜呜
呜呜呜
切切
?
他是怎么了……
呜呜
真是好奇害死猫啊……
呜呜
洋葱

## 26 晒过的被子是什么味道？

温暖的阳光照射出安心的味道。

提起"晒过的被子"，你是否能立刻想起那个熟悉的味道，有人认为这是属于阳光的味道，闻起来令人安心。当然，也有人认为那不过是紫外线把螨虫烤焦的味道……这是给人一种"美梦破碎"的感觉。那么，哪种说法更有道理呢？

其实，把被子晾在阳光下晒晒，太阳光中的紫外线确实能有效破坏细菌、病毒等微生物的DNA结构，消灭其活性。而且，阳光的高温还能将被子表面的螨虫杀死，让晒完的被子蓬松干爽，使人倍感舒畅。

晒过的被子到底是什么味道呢？一方面，被子上人体的汗液和油脂在高温和氧气的作用下，发生化学反应，产生一种芳香气味的化合物附着在被子上。另一方面，棉花和棉布在高温日晒和紫外线的共同作用下，纤维素被氧化，释放出天然植物特有的气味。所以我们闻到的气味并不是所谓的"螨虫"被晒干的味道，而是阳光和材料中的有机物相互作用的结果。因此，我们可以放心享受"阳光的味道"。

不过，我们还要注意，不是所有被子都能被晾晒。只有棉被在适当晾晒后才有阳光的味道，而羽绒被和羊毛被被紫外线照射后容易氧化受损，所以放在阴凉处晾晒就好。

什么啊?这么刺眼!

完蛋了,是阳光!

螨虫

最讨厌阳光了……

救命!

## 27 切开的苹果为什么会变黑？
牛顿的苹果砸到你了吗？

咦，刚切开的苹果怎么只放了一小会儿就变色了？变黑后的苹果还能吃吗？……你是不是也曾有过这样的疑问？

其实，苹果切开放置一段时间后变色是一种很正常的现象，这是因为苹果中含有大量酚类化合物，这些物质暴露在空气中遇到氧气，会发生氧化反应导致变色，这种变化被称为食物的"酶促褐变"，同样的反应在梨、土豆、茄子等食物中也会发生。

不过请放心，这种褐变只是影响了食物的外观，使外层营养成分略有降低，但不影响食用。当然，如果你不希望褐变发生，也是有办法的。比如，在苹果的切面滴上几滴柠檬汁，不仅能保证苹果不变色，还能维持它的口感和风味；或者，你也可以将切开或去皮的苹果浸泡在水中——只要把食物和空气隔绝，就能避免氧化反应发生，自然可以防止变色。除苹果外，对其他会发生酶促褐变的食物，也可以使用同样或类似的方法避免变色。

就像牛顿发现引力，一个小小的苹果里藏着生活的大智慧。留心观察生活，做生活的有心人，你会发现每个细小的变化背后，可能都隐藏着不可思议的科学原理。

切开的苹果
妈妈，苹果坏掉了！
这只是氧化变色，没坏，还能吃。
你看，土豆和茄子也一样会氧化呢。
哦哦！
呼
爸爸从非洲出差回来啦！
妈妈，快看，爸爸也被氧化了！
爸爸只是在非洲被晒黑啦！
哈哈哈……

## 28 冬天为什么会有夏天的蔬菜和瓜果？

科技改变生活。

正值冬季,天寒地冻,相比于夏天,能在冬季生长的当季瓜果蔬菜品类较少。可进入超市、卖场,我们仍能买到丰富的品种,还有很多是只在夏季生长的瓜果,这是为什么呢?

冬天气候寒冷,昼夜温差大,日照时间短,因此很多蔬菜、水果都无法在这样的环境中生长。不过,为了营养的丰富和选择的多样,聪明的人类早已学会用科技改变生活。大部分蔬菜的生长对光照、温度、湿度都有一定的要求,于是,为了适应它们的生长,"温室"应运而生了!最常见的温室就是塑料大棚,它具有良好的透光性,不仅防寒、保温,还能抵御自然灾害。像草莓、葡萄这样的水果经常被种植在大棚里。随着科技的进步,智能大棚能利用生物模拟技术,模拟出最适合植物生长的环境。

除了为蔬菜瓜果建造的温室,现代快捷、发达的交通运输方式,也已实现从产地保鲜空运新鲜的蔬菜瓜果。像火龙果、香蕉、菠萝等很多我们常见的热带水果都是从南方运到北方的。所以即使是在冬天的北方超市,你也能看到热带的水果啦。

归根到底,科技的进步弥合了地域与时节的界限,让我们在瓜果蔬菜上实现了"南北一致"。

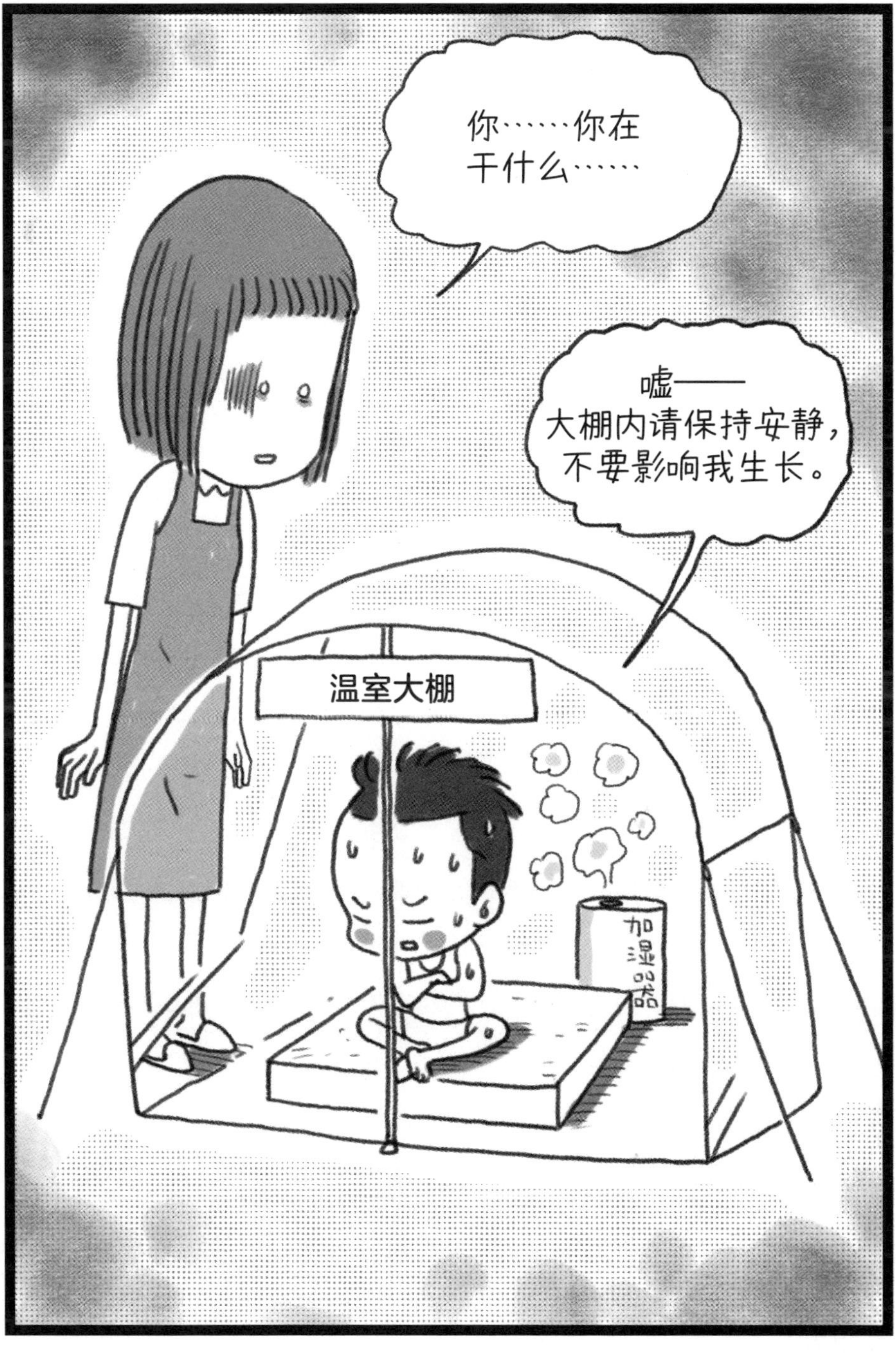
你……你在干什么……
嘘——大棚内请保持安静，不要影响我生长。
温室大棚
加湿器

## 29 南方和北方的屋顶为什么不同？

南尖北平，南敞北封。

你要去山海关游玩，在火车还没有停靠站台的途中，你向窗外看，道路两旁满是平缓的屋顶。而当你到了南方，却会看到完全不一样的风景，这是为什么呢？

究其原因，是复杂的地理条件和自然环境所造成的差异。北方气候寒冷，需要有足够厚的墙体来抵御严寒。四合院就是一种典型代表，冬暖夏凉，适合北方的气候。南方气候潮湿闷热，山林资源丰富，木材是重要的建筑材料。因而，在南方，结构精巧的竹楼是典型代表。竹楼既便于保持通风、防潮，还能防虫蚁啃咬。

北方由于降水量少，屋顶坡度较小，能够有效节省建筑材料，同时还可兼做晾晒农作物的场地。南方降雨较多，屋顶坡度大、便于排水。而且南方建筑房檐较宽，人们平时可在房檐下休息、就餐，防雨又防晒；而北方的房檐较窄，阳光更多照进窗内，有利于采光。

因此，北方天冷干燥注重防风保温，南方天热湿度高，十分注重通风散热。南方建筑多为敞口设计，北方建筑大多是封闭的设计。一方水土养一方人，这样的差异既是人与自然环境融合的智慧产物，又渗透着人与自然协调的和谐之美。

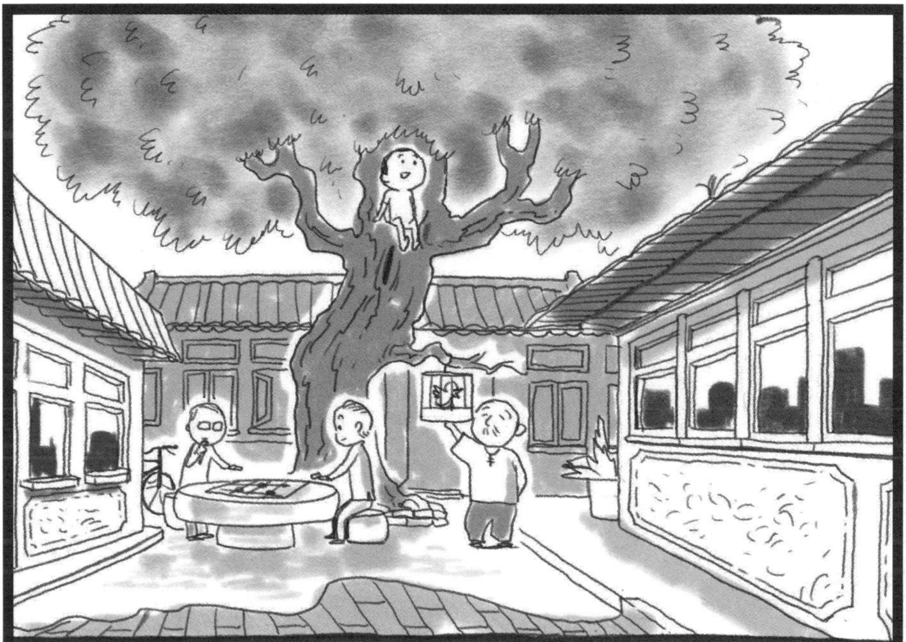

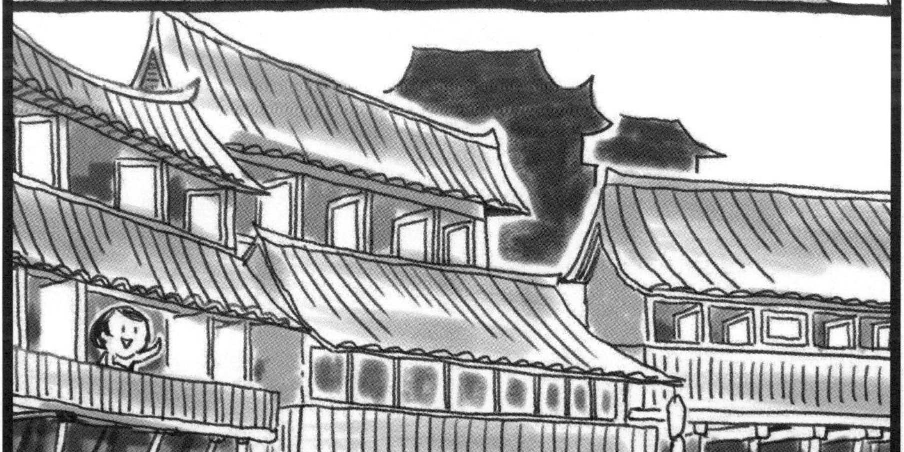

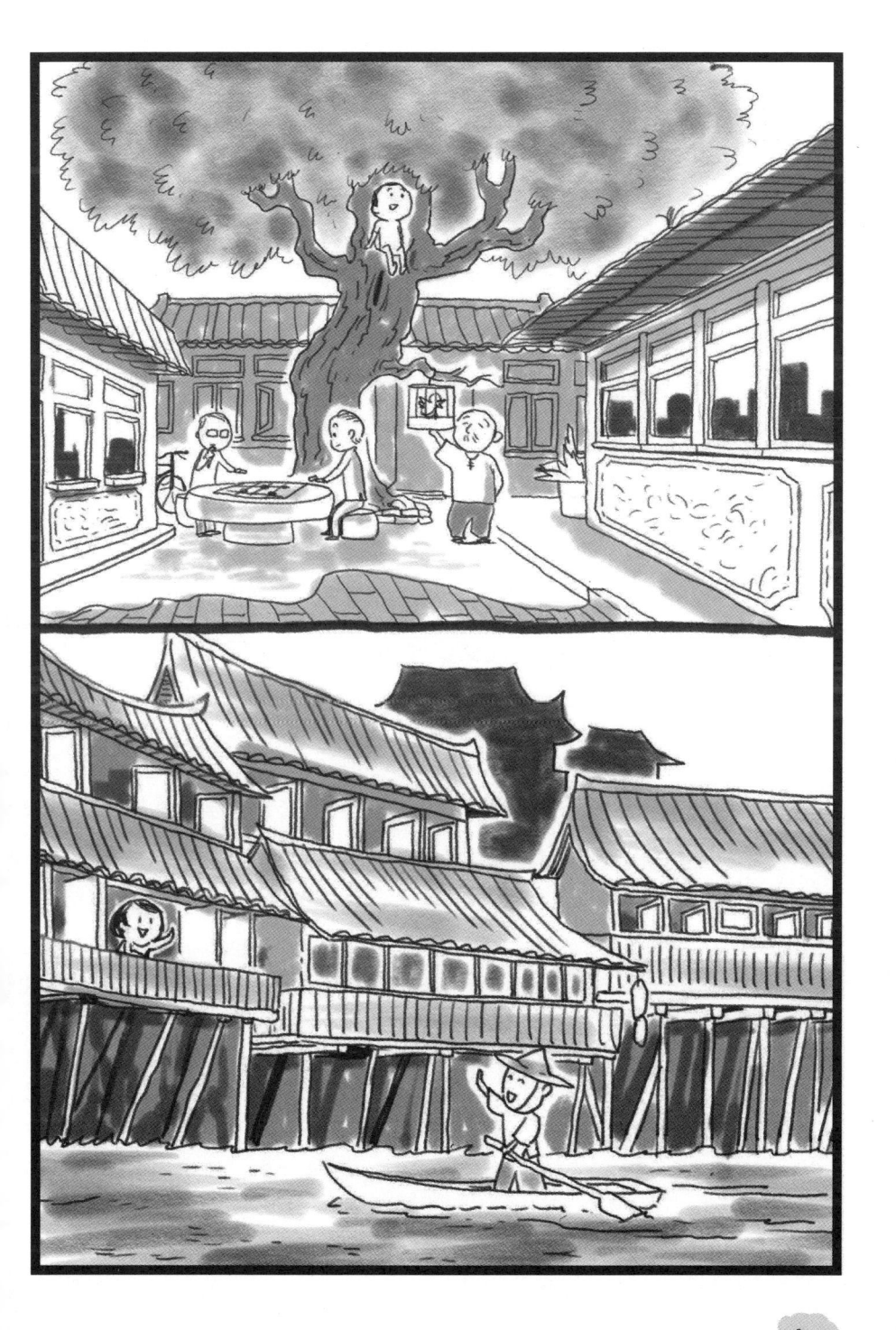

## 30 为什么说"橘生淮南则为橘，生于淮北则为枳"？

当不成"橘"，也不一定就是"枳"。

"橘生淮南则为橘，生于淮北则为枳"，这个典故出自《晏子春秋》，后来演变为成语"南橘北枳"，讲的是由于地理环境改变，原本淮南结的甘甜的橘子，种在淮北就成了苦涩的枳。这个典故表面上是在说植物的生长，实际上，它暗示了环境对事物的影响。

古有"孟母三迁"的美谈，年轻的孟母在交通极不便利的条件下，为了让孟子耳濡目染更多好的品行而不惜三次搬家，这正是古人重视教育的体现。当今的父母也在不遗余力地为我们创造好的成长环境——更多的亲子陪伴，丰富的文化娱乐活动，费尽心力选择更好的学校和老师，希望我们交到品学兼优的朋友，这些都是希望我们"生在淮南"，能有一个好的生长环境。

然而，能不能成为"橘"，除了环境因素，也要看个人的努力。其实我们不妨换一个思路去理解"南橘北枳"——适合自己的，才是最好的。比如，你不擅长运动，但总有天马行空的想象，那不妨去试试写作；或者你唱歌总是跑调，但下棋如鱼得水……重要的是找到自己擅长的事，成长才能水到渠成！

就像……做不成甜甜的橘子，当一个香香的蜜瓜也不错嘛！

我会让人上火……
我太酸了……
我有点苦……
柠檬
橘子
柚子
那我也喜欢你们！
橘子清甜，是我的最爱。妈妈最近有点上火，给她买个柚子。
爸爸最喜欢喝柠檬水了，买点新鲜的柠檬。

## 31 酱油和醋为什么颜色相似?

*颜色相近，但味道迥然不同。*

厨房中的酱油瓶和醋瓶经常摆在一起，妈妈让你帮她递酱油过来，你总要观察半天，毕竟酱油和醋的颜色实在太接近了，让人傻傻分不清。

酱油是以大豆或黑豆为主要原料，加入食盐经过制油、发酵等程序酿制而成的，呈红褐色，有独特的酱香味。烧菜时只需加上一点，就能改善菜肴的味道，增添菜肴的色泽。我们平常形容美食用的"色香味俱全"中的"色"大多是靠酱油来实现的。生活中，常见的酱油有两种——老抽和生抽：生抽用来提鲜，老抽用来提色。在烹调红烧肉等肉类菜品时就要用到老抽，但要注意适量，老抽要是倒多了，食物就会变得黑乎乎的，让人看起来没什么食欲。

其实并非所有醋都和酱油看起来差不多。米醋和白醋就是透明的，而容易和酱油混淆的是深棕红色的陈醋。陈醋以高粱为主料，酿制时先加酒曲低温发酵，再拌入谷糠麸皮经醋酸发酵而成。醋的酸味能增进食欲，还能刺激胃酸分泌，从而帮助消化。

酱油和醋的最大区别是味道，拿的时候如果分不清，打开瓶盖闻一闻再放，就不容易弄混了。

我们两个长得
可真像啊！
酱油
醋
嗯！确实
有几分
相似。
在这儿，在这儿！
推
嘿嘿
醋，醋，醋
在哪儿呢？
味道不对……
闻
啪
哈哈，
你可跑不
掉啦！

## 32 没吃完的剩菜残羹要怎么办？

处理剩饭的最好办法是——不剩饭！

吃饭是我们一生中最常做的事。虽然妈妈经常提醒我们要把碗中的食物吃干净，可一日三餐，有时真的吃不下……

不得不剩下饭菜时，我们要遵循两个原则。第一原则是剩肉不剩菜。当你已微微有饱腹感时，建议优先吃蔬菜，这是因为蔬菜在烹调过后不宜久放，否则营养物质容易流失，还会产生对人体有害的物质，而肉类烹炒过后则相对容易存放。第二原则是做好存放。当饭菜的温度降到60℃以下后，饭菜表面就会开始滋生细菌。因此，最好趁剩下的食物还有余温的时候就密封好，等它的温度降到和室温差不多时，再放进冰箱。另外切记，冰箱的保鲜能力也是有限的，最好能在6小时之内吃掉，不要存放过长时间，更不要在第二次吃过后再次剩下，反复加热。加热上顿吃剩的食物时，必须热透。高温可以有效杀死细菌等微生物，通常的做法是把饭菜重新回锅充分加热，保持沸腾3分钟左右再装盘。

当然，偶尔吃剩下的饭菜也无可厚非，但长期吃反复加热的食物不利于健康。改变生活方式，合理估算食量，适当减少菜量，不剩饭才是处理剩饭的最好办法。

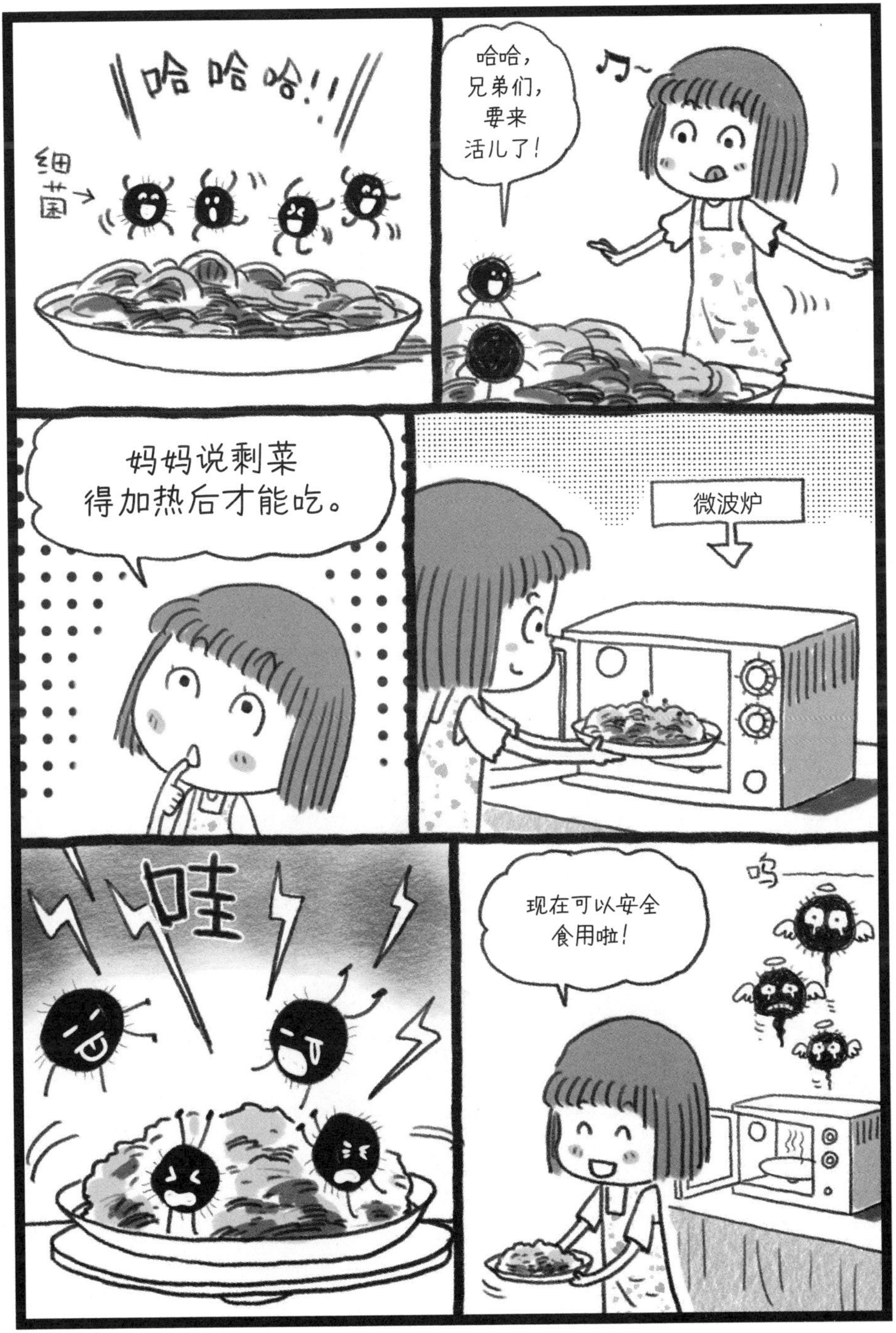
哈哈哈!!!
细菌
哈哈，
兄弟们，
要来
活儿了！
妈妈说剩菜
得加热后才能吃。
微波炉
哇
现在可以安全
食用啦！
呜——

## 33 为什么说病从口入?

吃得对，才能远离疾病。

"病从口入"是一句提示健康饮食的警示语，提醒我们在饮食方面要吃得合适、吃得健康。也许你很好奇，"病"是怎么被我们"吃"进肚子里的呢?

我们就从3个方面来展开说说。第一，吃进不洁的食物容易引起细菌性疾病。通常，未彻底清洗的蔬菜水果、未熟透的肉类，都可能携带细菌、病毒或寄生虫。假如你吃了未彻底煮熟的鸡肉，鸡肉中可能含有沙门氏菌和大肠杆菌，这些致病菌一旦进入体内就可能会引起腹泻、呕吐。第二，饮食不能毫无节制。人在短时间内摄入远超过正常食量的食物，这不仅会给消化系统造成巨大负担，还会导致身体的代谢紊乱。第三，摄入过多高油高盐等"重口味"食物容易诱发疾病。如炸鸡、薯条和腌制食品，虽然美味，但不宜多食。研究表明，过多的盐分会导致血压升高，长期食用可能诱发高血压。

为了避开以上饮食"大坑"，我们首先应做到饭前洗手，食材彻底清洗，并确保熟透。其次，还要按量进食，不要因喜欢而吃撑，不爱吃就一口都不吃。最后，少吃高油高盐食品，以每日盐摄入量不超过3克为宜。

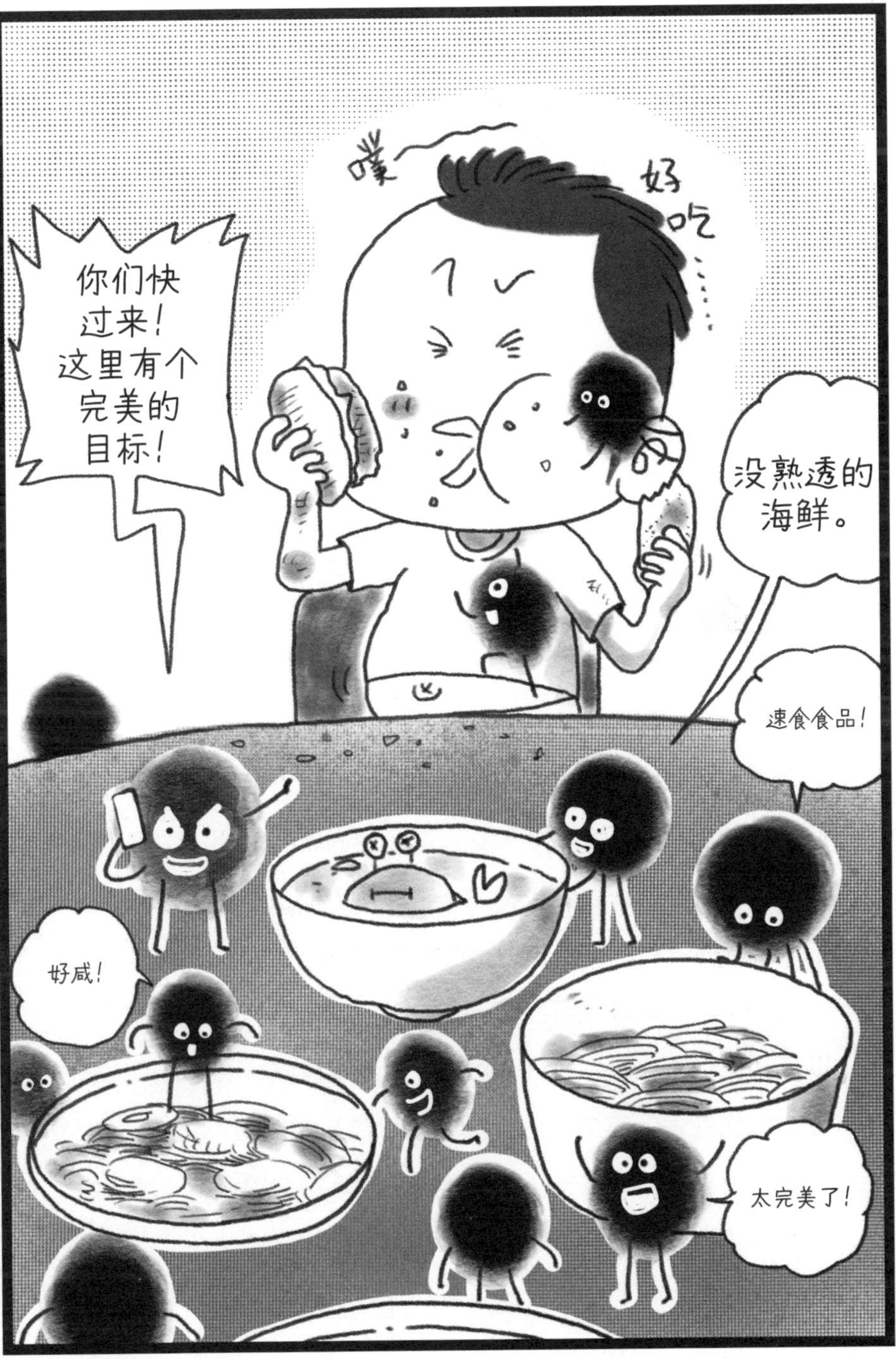
噗~
好吃……
你们快过来！这里有个完美的目标！
没熟透的海鲜。
速食食品！
好咸！
太完美了！

## 34 吃饭时为什么不能说话？

食不言，寝不语。

晚饭时间，爸爸妈妈端来可口的饭菜，你一边夹菜，一边给家人讲学校里发生的新鲜事。你越说越兴奋，忽然，一粒米呛进气管，你咳嗽不止，可把大家吓得不轻。果然，都说"食不言，寝不语"，这句话是很有道理的！

要知道，我们的咽喉是食物和空气共同的通道，二者之所以能有条不紊地各行其道，得益于一个重要的"阀门"——会厌软骨。就像连接不同轨道的关卡，在我们吞咽食物或喝水时，"阀门"会上提，临时阻断气道，防止食物或液体误入气管。同时，它还会在吞咽过程中帮助推动食物进入食管，等吞咽结束后才会恢复原位。可如果一边吃东西一边说话，"阀门"搞不懂你到底是要进食还是呼吸，为难之际就可能出差错，出现食物呛进气管的情况，严重时甚至可能引起肺炎。

此外，吃饭时侃侃而谈的话，吐出的飞沫喷溅到食物上，既不礼貌也不卫生。而且，我们说饭要趁热吃，说话时间太长会让食物变凉，错失美味不说，还可能引发肠胃不适。你看，边吃边说实在坏处多多，如果实在有倾诉的欲望，不妨饭后再慢慢细聊，家庭成员间谈话的时间还多着哪！

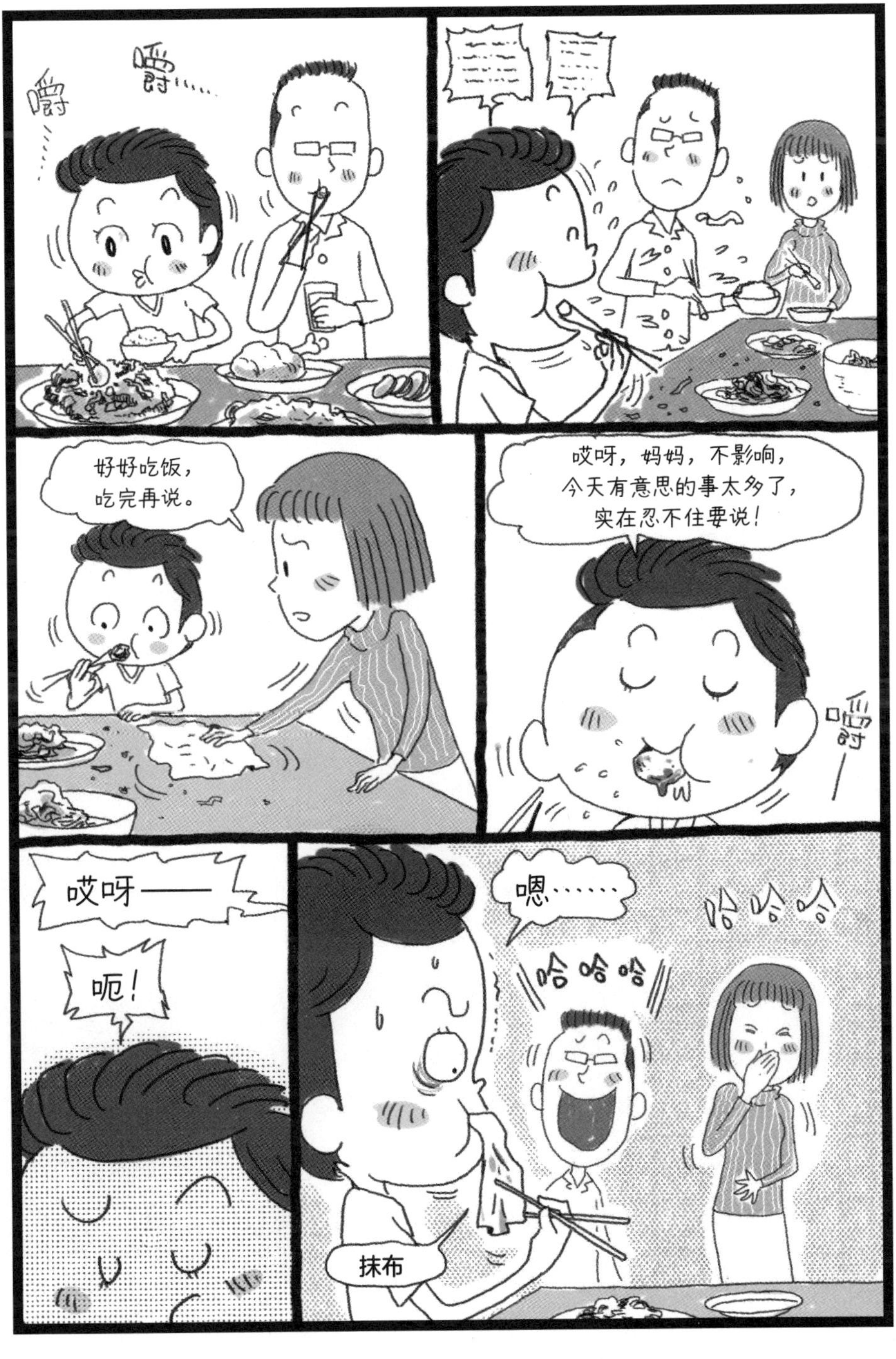
嚼
嚼……
好好吃饭，
吃完再说。
哎呀，妈妈，不影响，
今天有意思的事太多了，
实在忍不住要说！
嚼
哎呀——
呃！
嗯……
哈哈哈
哈哈哈
抹布

## 35 为什么妈妈总说要"多喝水"?

叮——今日份喝水总量已达标!

有个冷笑话问:能治百病的灵丹妙药是什么?

答案是:水。因为只要不舒服,就会有人让你多喝水。这话其实不无道理——水占成年人身体中60%~70%的重量(在儿童体内的占比更高),水能帮助我们维持代谢、调节体温,还能滋养皮肤、润养体内器官,是身体不可或缺的组成部分。那什么时候需要喝水呢?比如,晨起补充水分——经过一夜代谢,身体会流失很多水分;天热、运动出汗之后要及时补充水分;进食或喝饮料之后建议少量喝水,可以起到清洁口腔、保护牙齿的作用;感冒、发烧之后多喝水,有助于毒素的排出……

或许有人会说,我知道喝水很重要,可就是不爱喝,或总忘记喝,该怎么办呢?很简单,我们可以定个闹钟,定时定点喝水;还可以买个好看的大容量杯子,保证每天喝水总量;也可以适量添加一些天然食品来调节味道,如茶叶、柠檬片等。总之,喝水的方式越方便,频率越规律,就越有助于坚持。当然,并不提倡过量饮水,过多摄入水分会给肾脏带来负担,因此,正确的做法是多次、适量饮水。

水是生命之源,还不快行动起来,掌握正确喝水的诀窍!

哎呀，好像
有点发烧……
多喝点水，
散热降温。
多喝点水，
促进循环。
哎哟
肚子疼
喝水功效好多啊！
啪！
成绩单
发下来了？
嗯……
这……
爸爸，多喝点水，
去火消气。
呜

## 36 你知道病毒的性格吗？

病毒可恶，但并不是一无是处。

如果我是心理侧写师，要分析病毒的性格，那么，病毒就是以下这样的——

首先，病毒懂得装可怜，不能独立生存，要像寄生虫一样依赖他人。病毒非常小，无法自己合成蛋白质，就像一个不请自来的入侵者，"借用"宿主的细胞"资源"繁殖。

其次，病毒的适应性很强，也很善变，入驻新的宿主环境后，能快速变异来适应环境。而且，通过不断变异和进化，病毒还能逃避宿主免疫系统的围捕，俨然一个善于随机应变、身手矫健的逃犯在躲避追捕。比如，流感病毒就具有很强的变异性，因此每年的流感疫苗都需要更新。

最后，病毒还会隐匿术。有些病毒可以在宿主体内长期潜伏，只有在条件适当时才活跃起来，像一个躲在黑暗处伺机而动的狡猾间谍。因此，一些病毒在感染初期，症状不明显，不容易被检测到，这导致病毒在人群中传播了一段时间后才会被发现。

尽管，病毒通常都因引发疾病而令人恼火，但病毒也并非一无是处。科学家已将病毒应用在基因治疗、疫苗开发，以及农业生物控制等重要领域，利用和改造病毒的特性，将其转化为强大的工具，造福全人类。

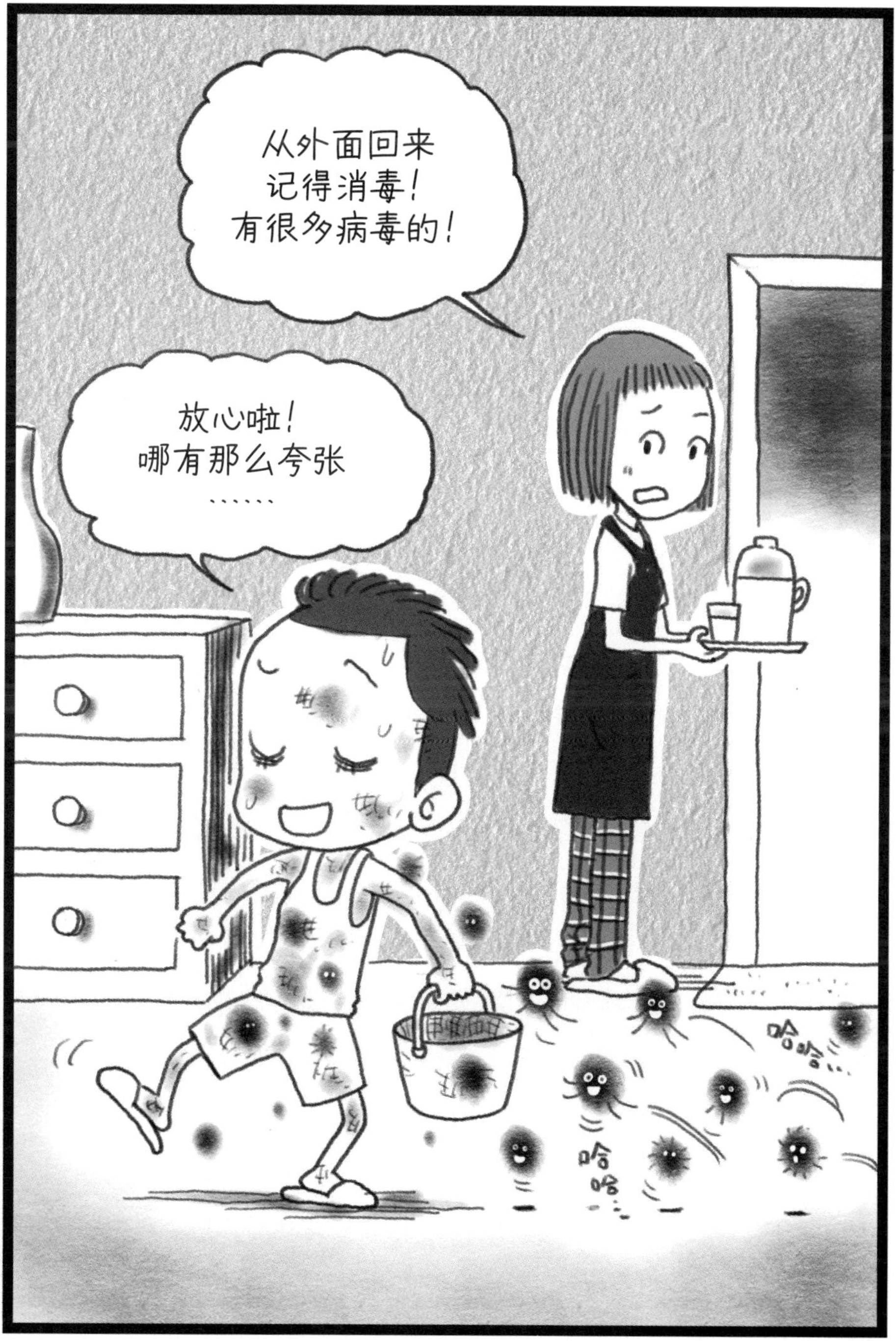
从外面回来
记得消毒！
有很多病毒的！
放心啦！
哪有那么夸张
……
哈哈……
哈哈……

## 37 为什么解读生命密码的是基因？

基因是隐藏在每个人身体里的专属符号。

你一直很不解，为什么自己是单眼皮，而有的同学是双眼皮？妈妈说这是因为你们各自遗传了父母的单眼皮或双眼皮基因。那么，基因是什么呢？

基因是由DNA（脱氧核糖核酸）组成的小片段，存在于我们身体的每个细胞中。DNA比较像一架螺旋形的梯子，由4种化学碱基（A、T、G、C）组成，这些碱基按特定顺序排列，形成了生命的"字母表"，决定着我们的样貌、性格、健康等特点。

基因不仅能决定眼睛、头发、身高这些外貌特征，还能决定许多其他能力。比如，有些人天生味觉敏锐；有些人则天生对某些药物过敏；甚至有些人天生喜欢冒险，这些都在基因的影响范围内。

不过，虽然基因可以通过遗传赋予我们特点，但环境的影响也不容小觑。基因和环境的影响共同决定了人的最终成就。比如，一个有音乐天赋的人，如果没有机会接触音乐，那他的天赋也可能不会得到充分发挥。

基因隐藏在我们的身体里，它们就像一份生命"说明书"，指导着我们生长、发育。有了初步的了解之后，你是否对生命科学产生了一点兴趣？试着去探索更多生命的奥秘吧！

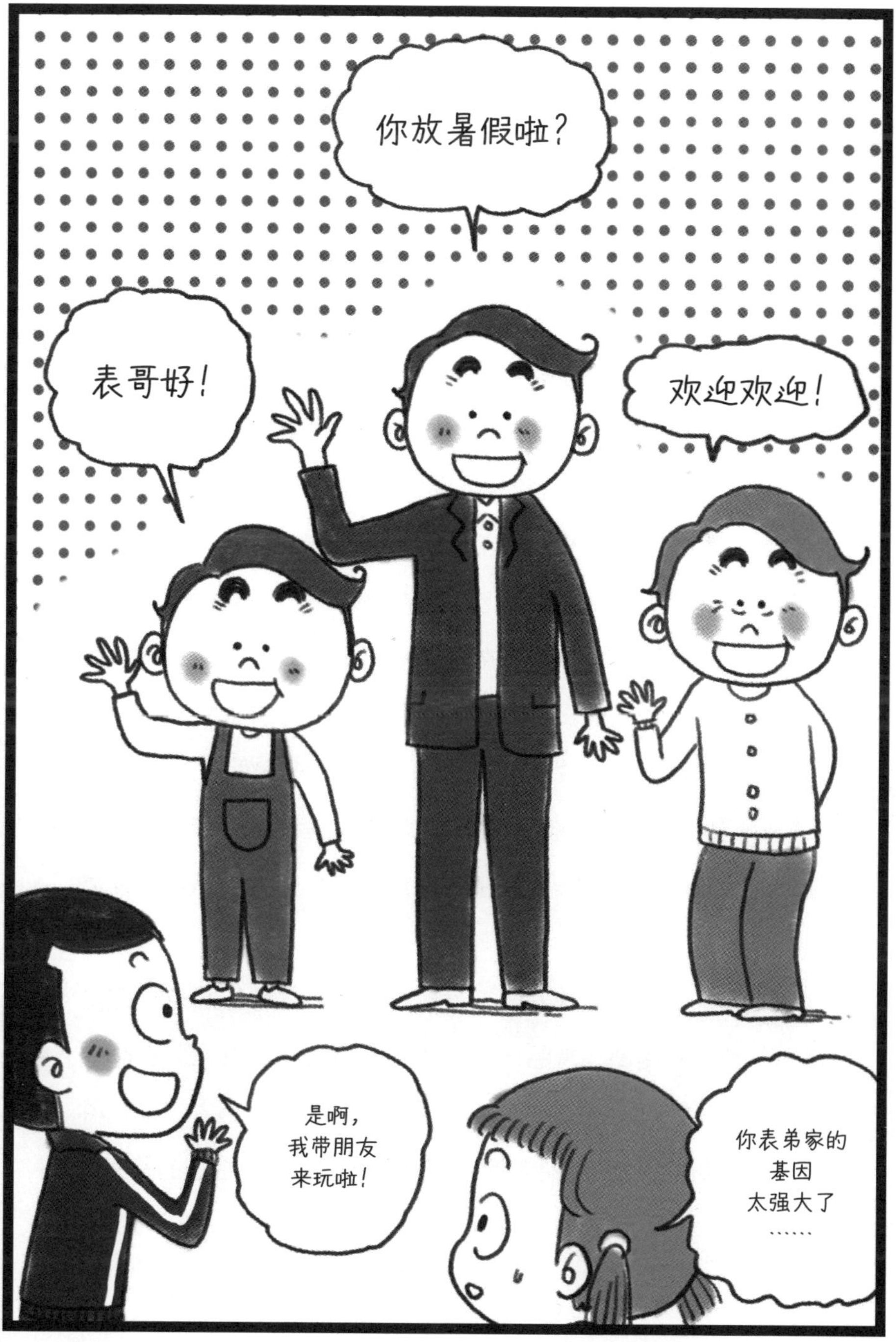
你放暑假啦？
表哥好！
欢迎欢迎！
是啊，我带朋友来玩啦！
你表弟家的基因太强大了……

## 38 你会从另一个角度思考问题吗？

换个角度，就会得出新的答案。

心理学上有个词语叫"羊群效应"，也就是我们所熟知的从众心理。人们往往会追随大众认可的信息，懒得独立思考事件的意义，或者将自己的不同意见默默否定。这些被"大众意识"裹挟，欠缺独立思考能力的人，自然也难以形成发散思维，久而久之，就很容易封闭起大脑，变得人云亦云。

要想具有发散性思维，我们要学会从不同的角度思考问题。比如，我们耳熟能详的童话故事《灰姑娘》，很多人似乎只看到故事要传达给我们的真善美，而没有用多方面的角度考虑这个故事的合理性。比如故事中，"仙女和所有东西都会在12点消失"，可是为什么水晶鞋没有消失？当有人提出这个疑问时，你会立马顺着质疑去抨击经典童话吗？还是会坚持自己对经典童话的理解？

我们需要调动大脑多多进行理性思考，遇到新观点时还要有自己独立的判断。从另一个角度去解答上面的疑问：水晶鞋没有在12点就消失，这也许是仙女对灰姑娘的考验？这样，再有人提及类似的疑问，你就可以用开放的思路给出合理的答案。

甩甩

怎么不出墨水了?

唰

吓!!!

如果我说这是我新学习的扎染,妈妈会相信吗……

呼——

77

## 39 为什么人人都爱玩积木？

小小积木可拼出千百种可能，带来千百种快乐。

搭积木就像施魔法，长短不一、五颜六色的积木，摇身一变就成了栩栩如生的动植物、造型新颖的工程车，或者任何你能想象出来的造型。

玩积木不仅有趣，还能益智。玩积木时，你会接触到许多物理与数学知识，这些知识放在课堂上貌似枯燥艰涩，但在你动手一块块搭叠的过程中，数字空间等立体概念就会自然而然地浮现在你的头脑中。通过实践学习到的知识会记得更牢固，原理也理解得更透彻。比如，熟知一个长方体由多少个面构成，在计算面积时就会发挥巨大的作用。这些积木能给你提供无限的想象空间。

玩积木还能培养你坚毅的品格。比如搭大型积木，无法短时间内完成，需要历时几天几个月的努力，可能还会因不小心碰撞而发生推翻重来的意外情况。在这期间你付出的决心与耐心，都是无比宝贵的财富。当搭建完成时，来之不易的成就感会让你更加自豪与快乐，做其他事情时也会更加积极乐观。

搭积木是一个从零到一的创建过程，也是一个推倒又重建的过程。对年纪尚小的我们来说，即使只是将一个拼好的造型推倒，也会带来别样的空间认知。

侏罗纪公园

哇！吼——

霸王龙，不要吃我——

什么霸王龙！别玩了，快把你的玩具收拾起来，该吃饭了！

侏罗纪公园

呼——

原来刚刚的霸王龙是妈妈！

## 40 各国的文化差异与禁忌有什么？

了解"文化禁忌"，尽量做到入乡随俗，避免冒犯他人。

放眼世界，每个国家都有自己历经千百年形成的无法打破且不成文的规则，每种文化背后都有一些习俗或规矩。这些与我们不同文化背景下的"文化禁忌"尤要尊重和注意。

在我国，很多地方的人对数字"4"的使用多有避讳，因为"4"谐音为"死"，在我国通常被视为"不吉利"的象征。在印度，白牛是神圣不可侵犯的动物，路上驾车千万不可撞到白牛，也要尽量避免给白牛拍照；到夏威夷、太平洋群岛等岛屿上的居民家做客时，要记得进门前脱鞋，这意味着把沙粒与尘土留在了门外，以示对主人的尊重；在缅甸、老挝等东南亚国家，摸头被视为一件不礼貌的事，尤其在老挝，人们深信头是神灵寄宿的地方，因此绝对不能摸他们的头；在英国，比 V 字手势时掌心不能向内，不然会被认为是挑衅；在新加坡，人们被禁止在公共场合嚼口香糖，因为市政府认为口香糖为最难清除的垃圾，会影响市容市貌。

了解文化禁忌，学会理解和尊重不同文化间的差异，入乡随俗，也是我们作为一名合格公民应该做的事。

嘀
2楼
到了。
是外国
人呢。
你好！
你好！
嗯？
奇怪，
为什么没有
14楼呢？
那是因为这栋
楼没有14楼，
上面几层是飘
在空中的呢！
15→
13→
噢
NO！
厉害吧！
你别听他的，
只是因为这个数字
不太吉利，
被跳过去了而已！
原来是这样……
我又学到了一点
“文化禁忌”呢！
呼
嘻嘻……

## 41 为什么好奇心是最棒的才能？

好奇心是你的另一双眼睛。

天空为什么是蓝的？树叶为什么是绿的？天上为什么会下雨？在面对生活中这些极为常见到的事物时，我们是否还能保持心中的好奇，多问一句"为什么"？

在人类科学发展的过程中，好奇心起到了毋庸置疑的推动作用。就如发现红细胞的科学家列文虎克，他原本是杂货店的学徒，因对隔壁眼镜店的镜片感兴趣，便以此为契机发明了世界上第一台光学显微镜，并利用这台自制的显微镜观察到了血液中的红细胞，打开了人类用仪器观察微观世界的新纪元。进而，他又通过显微镜发现了细菌等微生物。

好奇心不仅推动科学飞跃发展，在日常生活中也能带来意想不到的收获。比如，你在路边看到蚂蚁抬着一块比自己身体大很多倍的食物要搬到洞口，由此萌发了对动物科学的探索和兴趣，甚至会改变自己以后的学习和生活。感受生活中的不同，带着发现的眼睛去观察未知的事物，或许你就能从中发现自己真正的兴趣点。用好奇心在自己心中埋下一颗小小的种子，用不断的探索和学习去浇灌它，终有一天你会收获属于自己的参天大树。

你们知道吗？黑猩猩中也有左撇子；金鱼没有眼皮，所以只能睁着眼睛睡觉。
Z Z Z
哇！好神奇啊！
老师说，好奇心是我们最宝贵的财富之一。
网络是怎么传递信息的？人类会被机器人统治吗？
你们知道吗？隔壁班语文老师是我妈妈同学的姐姐……
……
是个好问题，咱们去图书馆查查资料吧！
考试能给加分吗？

# 42 什么是需求？什么是欲望？

**需求是必需品，欲望是调味剂。**

生活中，我们常会面对两种微妙的心理状态：需求和欲望。那么，它们之间到底存在怎样的区别呢？现在就让我们来一起认识一下它们。先来谈谈需求。需求是指生活中必须满足的东西，就像人饿了要吃饭，渴了要喝水，还需要穿衣服、住房子，等等。这些保障我们健康生活的必需品，就是需求。需求的最大特点是一旦被满足，就会消失。

那么，欲望又是什么呢？欲望是指我们想要但非必要的东西。比如，我们可能想要一个新玩具、一件漂亮衣服，这些东西可以让我们感到快乐。然而，有个成语叫"欲壑难填"，欲望是个贪婪的家伙，最大的特点是越容易满足它，它就会膨胀得越大。比如，你今天看了动画片，明天还想看；已经买了一个玩具，看到另一个还是想买。

需求可以让我们健康地生活，欲望却会在带给我们短暂的快乐后，让我们陷入空虚。如果过度追求欲望，我们就会把时间浪费在填补欲望带来的空虚上。所以，在满足需求的同时，学会克制欲望，我们才能把精力投入在更多有意义的事上。

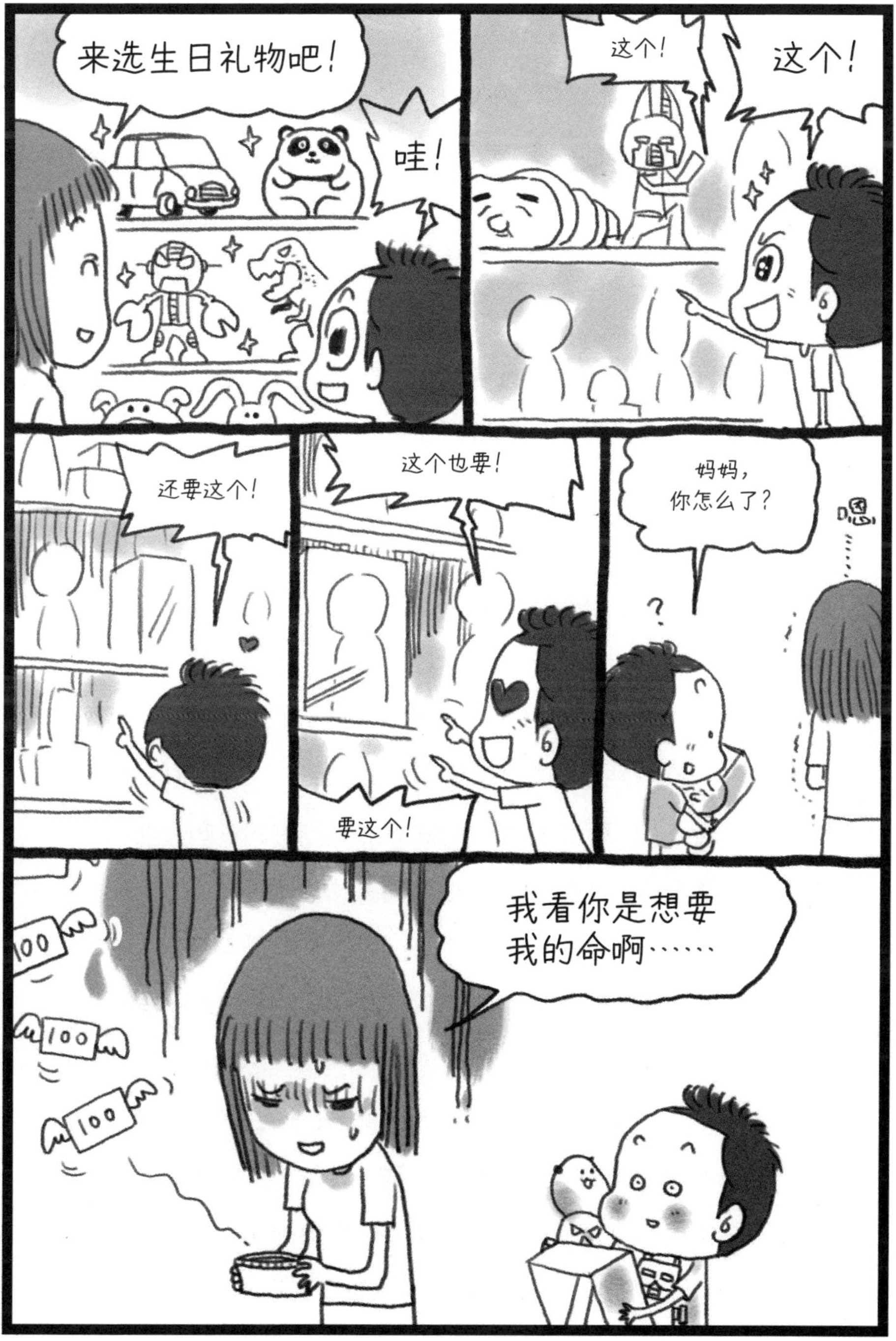
来选生日礼物吧！
哇！
这个！
这个！
还要这个！
这个也要！
要这个！
妈妈，
你怎么了？
嗯
我看你是想要
我的命啊……
100
100
100

## 43 父母之间有了矛盾，我能做些什么？

在纷争中寻求一份平静，感受父母不变的爱与温暖。

孩子，你要知道，父母也会有烦恼，就像你有时为了一道难题感到困惑一样。当父母遇到心里的难题时，就有可能会发生争吵。这时，父母的争吵可能让你感到不安和害怕。如果遇到这种情况，你可以这样做——

你可以试着做一些让自己平静和开心的事情，比如画画、读书或听音乐。这些活动可以帮助你转移注意力，避免被父母的争吵影响。

你还可以在父母冷静后，温和地表达自己的感受。比如，你可以说："我看到你们刚才吵架了，我有点担心。"这样既让父母知道你关心他们，也提醒他们注意对你产生的影响。他们可能会因此反思自己，更加注意在你面前的举动或行为。

此外，不要试图在父母之间"站队"。父母的争吵是大人的事，孩子不该卷入其中。无论如何，父母都是爱你的，争吵不会改变这一点。

所以，孩子，要记住，争吵只是他们处理问题的一种方式。相信爸爸妈妈会找到解决问题的办法，而你的关心和理解，也会让这个家变得更加温暖和有力量。最重要的是，无论发生什么，父母永远都爱你，你是他们心中最珍贵的存在。

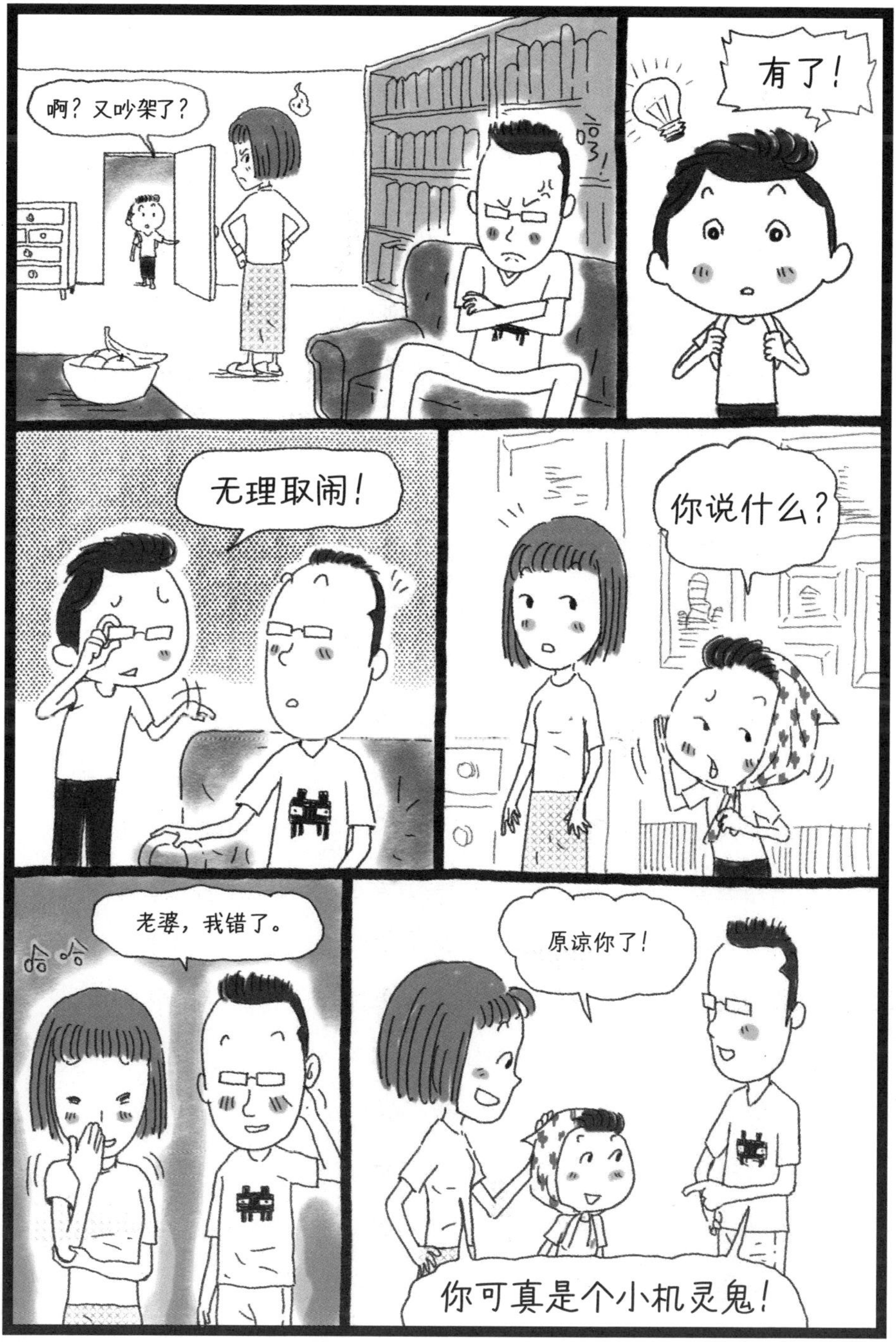
啊？又吵架了？
哼！
有了！
无理取闹！
你说什么？
老婆，我错了。
哈哈
原谅你了！
你可真是个小机灵鬼！

## 44 父爱和母爱有什么不同？

爱的表达有千万种，终点却落在同一处。

考试没考好，你难过极了，这时妈妈端着果盘来安慰你，说没考好没关系，下次再努力就好；可爸爸看了看试卷，一盆冷水浇下来，一二三四逐条列举你不该答错的地方。这时，你会不会觉得爸爸不爱你？

其实父母对孩子的爱都是一样的，只不过受社会文化熏陶、成长环境、男女性格差异等因素影响，在我们的普遍认知中，妈妈的爱多是直接、感性而温润的，爸爸的爱则相对内敛、理性，甚至是羞于表达的。

还记得吗？小时候每次生病，我们都会赖在妈妈怀中，好像这样病就能好得快一点——母爱带来的安全感是让我们相信哪怕与世界为敌，她也会坚定地和我们站在一起。不过，我们也同样喜欢和爸爸一起玩碰碰车，在爸爸的带领下去攀登高山、挑战海浪。父爱引领我们去拼搏、尝试，让我们变得更从容、自信。

都说"父爱如山，母爱如水"，但其实，父爱和母爱绝不仅有一种模样，父母表达爱的方式有千万种，只要我们用心感受，就能体会到那永恒的父母之爱。在被爱滋养的同时，做一些力所能及的事，让他们也感受到我们对他们的爱吧！

爸爸妈妈，我去参加军训啦！
一定要注意防暑啊，宝贝！
好的！
妈妈好温柔呢。
爸爸没什么想说的吗？
嗯……
尽情地去……
挥洒汗水吧！
老爸，你酷得有点过分了……
呵呵呵

## 45 为什么说要"笑口常开"?

笑是一剂免费的良药。

俗话说:一日三笑,不用吃药。足见"笑口常开"对健康的益处之大。

人在微笑时,不仅心情能够得到放松,血管也会更加松弛,血流更为通畅。因此,笑也算是一种特殊的健身运动,血液循环更加畅通,血液中的氧气含量明显增加,甚至可达到和慢跑一样的运动效果。另外,笑还能增强免疫系统功能,促使免疫系统唤醒更多能够产生抗体的 T 细胞,提高人体免疫力。研究表明,常以幽默态度行事的人,他们的免疫抗体有着较高的基线水平。而且微笑时,大脑释放的内啡肽和血清素有助于释放压力。有趣的是,即使是假笑,也会产生积极的心理暗示,达到缓解紧张的功效。

笑不单对身体有益,还是一种乐观的处事态度,是一剂良药。它让你保持在积极、健康、舒适的状态,帮你获得精神快感,驱散精神负担和内心苦痛。笑也是一种社交工具,能拉近人与人之间的关系,是连接彼此的通行证,笑容的魔力能将轻松愉悦的氛围传递给周围的人。

当你慢慢长大,面对复杂的世界,遇到越来越多令人难过的事情时,你要学着保持乐观,笑口常开,就总能找出应对的办法。

哈哈
为什么外婆总那么开心？
因为笑一笑，十年少呀！
哦！
几天后
外婆家
哇！
哎呀，外婆，你最近笑得有点多了，变年轻的速度有点快呀！
咚！！
对着你小表妹说什么傻话呢！
你不是说，笑一笑，十年少嘛！是吧，外婆！
哈哈

## 46 亲人之间的"爱"要大声说出口吗?

让心里的爱和嘴巴的爱达成一致。

"爱"在我们内敛的文化背景下向来是不善宣之于口的字眼。尤其是子女和父母之间,向来遵从"大爱无言"的文化传统。父母的爱和关心,好像总是无声的,或者也可能被学习成绩不理想换来的大声呵斥所掩盖了。

我们不善于和父母进行推心置腹地谈话,也害怕因遭到责备而袒露内心的不快。长此以往,和父母逐渐疏远,就会导致妈妈忍不住偷看你的日记,爸爸暗中观察你跟谁一起走出校门……这都是亲人之间缺少沟通的缘故。

心理学中有个名词叫"认知失调",是指因行为与态度的不一致而引发的令人不适的紧张状态。父母内在的关心和爱,与外在的呵斥,这是一对矛盾的存在。明白了这一矛盾的存在,我们就可以主动调节自己的认知,改变行动,把"爱"说出口,让心里的爱和嘴巴的爱保持一致。多和父母在行为和语言上沟通,陪他们散步、聊天,说说自己的烦恼,将对彼此的关心正面表达出来,让情感交流顺畅、一致,把"爱"大声说出来。

要知道,世界上再没有什么爱能比父母之爱更持久、更真挚。所以,请不要羞于说"爱",勇敢地表达出来。

妈妈！妈妈！
我爱你！
扭捏
我也爱你……
妈妈！我爱你！
我也爱你……
妈妈，我爱……
打住！
今天你好肉麻啊！是不是又把零花钱用完了？
是啊……可否透支点零花钱呢？
我最爱妈妈了！
门儿都没有……

## 47 为什么过节的时候全家要聚在一起？

最美的三个字就是"在一起"。

《小王子》中有句名言：仪式感使某一天与其他日子不同，使某一时刻与其他时刻不同。团聚，赋予了所有节日共同的仪式感，也是表达思念、直抒情感的特殊方式。

在外打拼的游子，披星戴月讨生活的人们，他们平日努力拼搏的每一分、每一秒，都是为了能在这些时刻更好地与家人团聚。大年三十，哪怕车票再难抢，人们也要赶在除夕回家，一家人围坐在一起守岁、吃团圆饭，这团聚里承载着一年的辛劳与思念；清明，我们和家人聚在一起扫墓，缅怀逝去的亲人，这团聚里凝结着大家共同的回忆与怀念；中秋佳节，更是讲究月圆人团圆，全家人聚在一起赏明月、吃月饼，这团聚背后是家人无声的支持与守护……

我们都知道，每一次团聚都意味着即将迎来下一次的分离，但我们只要留住节日里那些阖家团圆的美好记忆，知道自己和所爱之人终能再团聚，那么，即使离别再痛苦、再不舍，我们依然能够承受。那些不能团聚的日子里的每一次奋斗、每一段成长，无不是为了下一次相聚时开心的拥抱、坦荡的微笑，以及对爱你的人道一句："我一切都好！"

什么？你在外地出差回不来？
怎么办？爸爸今年没办法和咱们一起过年了……
竟然有点失落呢……
妈妈，要不然……
你和我想到一起去了！
除夕
老婆，儿子，我回来啦！惊不惊喜！
空
？
咦？人呢？
什……什么？你们去外地找我一起过年了？！
惊不惊喜？老爸！
火车站

## 48 为什么会有"压岁钱"?

一份祝愿,连接起家庭的温暖、长辈的祝福和社会的希望。

一到过年,收压岁钱是我们最开心的时刻。可你知道压岁钱的来历吗?

压岁钱最早源于汉代,又叫"压祟钱",是放在孩子的枕下、脚前用来避邪驱祟的,后来逐渐形成了在春节给孩子"压祟钱"的习俗。"祟"与"岁"是谐音借字,"压祟钱"于是变成了"压岁钱"。传说,年兽会在除夕夜来到人间,给人们带来灾难。而红色象征着喜庆和好运,人们便用红纸包裹铜钱,挂在家中,以此来驱赶年兽,保佑平安。

如今,长辈给孩子压岁钱,寓意着传递祝福和关爱。这笔钱不仅是物质的馈赠,更是对孩子新一年健康成长、学业进步的期望。压岁钱也是家庭和睦的象征。在春节这个阖家团聚的时刻,长辈通过给压岁钱向晚辈传递期望与祝福;孩子们收到压岁钱,收到的也不仅是喜悦,更是一份对家庭责任的认知和担当。

压岁钱,是流传已久的传统习俗,它以独特的方式,将家庭的温暖、长辈的祝福和社会的希望传递给每一个孩子。在新的一年,让我们带着这份压岁钱,也带着这份爱与责任,共同迎接美好的未来吧。

爷爷奶奶新春快乐!

压岁钱是爷爷奶奶给你留着上大学用的,等下妈妈帮你存进银行。

不过,你等会儿回房间看看,说不定还有惊喜哟!

嘿嘿

啊?

谢谢妈妈!新春真快乐!

97

## 49 妈妈的蚕丝围巾是怎么做出来的？

一块丝巾就是方寸之间的艺术品。

你摸了一下妈妈的丝巾，触感柔软又丝滑，几乎没什么分量，戴在脖子上透气又舒适。你不禁感叹，怎么会有这么神奇的东西！

我国养蚕缫丝的历史久远，古代的丝绸制品多依赖于手工，蚕的丝织工艺不断发展，从养蚕到缫丝，再到织造，如今的工艺已颇为成熟。那蚕丝织造到底是怎样的流程呢？首先，养殖桑蚕，为蚕提供充足桑叶。蚕在进入结茧阶段后体内的丝腺会分泌出丝蛋白，吐出后在空气中遇冷凝固成丝。蚕在吐丝过程中不断旋转，就形成了一个紧密的蚕茧。下一步，是将蚕茧收集起来并煮软以便抽丝，再将这些丝线捻合以增加其强度和光泽。最后，便可以将丝线织成布料。

蚕丝手感细腻，柔软光滑，具有耐腐蚀和强吸湿性的特点，是制作高档丝巾的首选。从蚕吐出的细丝转化为精美的蚕丝织品，再靠设计师的独具匠心，最终成为披戴在人们身上的装饰品。看起来一块尺寸不大的丝巾，其制作过程却漫长而复杂。难怪人们将蚕丝围巾称为"方寸之间的艺术品"呢！

这得用多少个蚕宝宝留下的小房子呀……

## 50 如何与自己的购买欲和解？

**你买的那些东西里映照着你自己。**

走进商店，看着货架上琳琅满目的新奇玩意儿：全副武装的机器战士、可爱的毛绒玩具、精巧的拼图礼盒……你是不是已经走不动路了？心里还在感叹：要是能全买回家就好了！

可这些东西你真的需要吗？其实，当按捺不住内心的购买欲时，我们可以把这些东西划分成"刚需"和"真爱"两大类型。你可以将自己那颗买玩具的心巧妙地转化为买学习用具这类必需品的心。比如你喜欢奥特曼，那就可以选一支奥特曼笔。在对待"真爱"的东西时，也要分清情况。如果你是汽车迷，家里的汽车模型多到数不清，看到一个新款还想买，这似乎大可不必；但如果这款新模型刚好能让你了解一个全新的知识领域，那再多一辆仍然有价值。

此外，你可以盘点一下"小金库"，算算里面的钱有多少打算存起来，又有多少可以用来买喜欢的东西，把喜爱的东西排个序，最不能割舍的自然就是最需要的。

其实归根结底，购物只能带来一时的新鲜和满足，而新奇和满足感并非只能靠消费获得。我们不妨暂且搁置内心的购买欲，外出去探探险，找朋友去谈谈心，接触生活的更多种可能，或许能收获意外的惊喜。

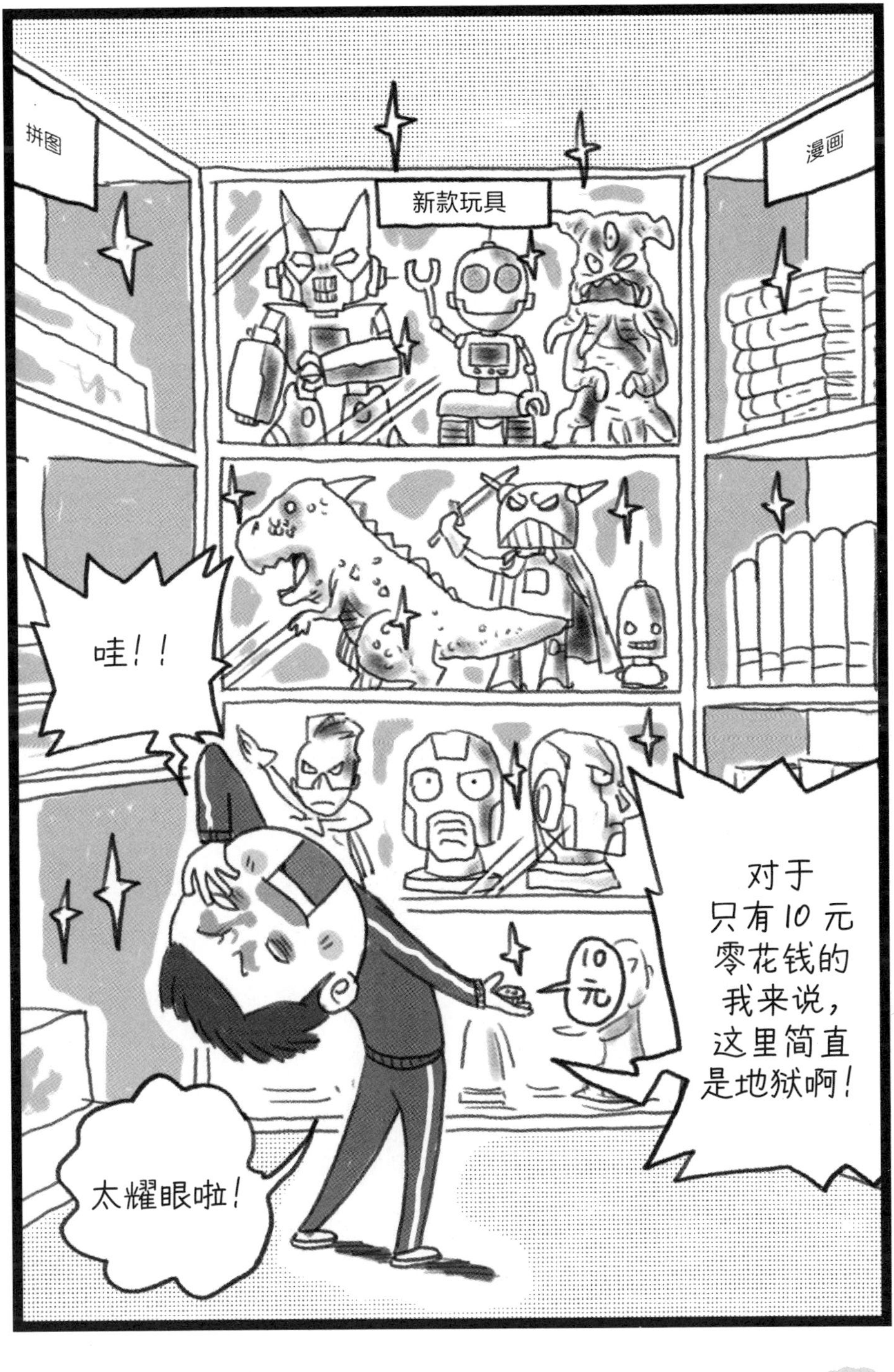
拼图
新款玩具
漫画
哇！！
对于
只有10元
零花钱的
我来说，
这里简直
是地狱啊！
10
元
太耀眼啦！

## 51 为什么要学好语文?

语文,是人类文明的沉淀和传承。

语文,承载着人类文明的精髓,是我们学习的基石和表达思想的桥梁。1950年,叶圣陶等人提出将"国语"和"国文"合二为一,改称"语文"。就此,语文课诞生了。然而,随着时代的变迁,有人或许会质疑:语文真的重要吗?

在学校里,语文课左右着我们的成绩,学好它当然重要。"语文"还指语言和文字,是我们一生都要使用的基本能力,其重要性当然毋庸置疑。

语文是离我们生活最近的学科,当你学了一个新成语,也许马上就能学以致用。学习语文绝不仅是为了考试,还能拓展思维的边界,加深理解力,增加思考维度。同时,通过阅读,我们可以打开眼界,了解纷繁复杂的世界。简言之,语文可以提升个人修养。读一本古典名著,就可以与前人的思想交汇碰撞;学会一首诗,就可以借古人之口去抒发情感;读一本外国经典,是站在自家的窗口向遥远的世界张望。

学好语文,不仅能为其他科目奠定基础,还能丰富我们的文化内涵。如果说数学等理科是科学的基石,那么语文就是精神的根基。科学可以让祖国强大,走得更远,而文化底蕴让我们走得更稳健。

看，外国小朋友！
哇！你们“厚”！
你“厚”！你“厚”！
你们会不会“空腹”？
我天天都吃很饱！
咦？
我不会让肚子空腹的！
不对！不对！
哼哼哈嘿！
是“空腹”！“空腹”！
我觉得他好像说的是“功夫”……
这语文水平谁能懂啊……

## 52 你会读新闻吗？

新闻，看世界的一扇窗。

"家事国事天下事事事关心。"在这新时代里，我们不能做两耳不闻窗外事的"书呆子"。新闻就像一扇观察世界的窗，而窗外的世界瞬息万变。读新闻，是我们了解世界、思考外界信息的重要通道。

要想真的会读新闻，我们首先要学会辨别新闻的权威性。认准国家专业机构等官方媒体，比如想了解最新的国际新闻，认准《人民日报》《光明日报》等专业媒体。

其次，学会搜寻新闻的关键内容，用关键词等信息来快速筛选和攫取你感兴趣的话题或最新的时政热点。比如，关注度最高的事件往往被放在头版最明显的位置。

此外，读懂新闻术语中的潜台词也十分重要。一些看似普通的词汇，在新闻中可能有着特殊的含义。比如，"初步调查"可能意味着事情还没有定论，"有望解决"可能只是一种乐观的预期。在国际会议中"双方交换了意见"可能说明双方只是各抒己见，但也许并没有达成一致。

新闻，是一种严肃和极具时效性的信息传达方式。在看新闻时，我们要带着了解事件真实面貌的态度去对待每一个新闻事件。

下面一条新闻：希望小学全年级此次考试无一人不及格……
哇
呃……
儿子，有什么感触吗？
让他受点刺激也好！
如果我在那个学校，那就是“独一无二”的！
兴奋……
简直无药可救……

## 53 什么是网络暴力？

雪崩之时，没有一片雪花是无辜的。

某天你在网上发现自己的一张照片被恶意修图，加上了猪鼻子，这张图引来众多网友的嘲笑和谩骂……这就是网络暴力。

网络上的语言攻击属于精神暴力的一种，指从言语上对受害人造成精神损伤。据不完全统计，全球每年有至少 2000 人因遭到网络暴力而自杀。网络的力量是无可预估的，看似微小的言论在舆论的发酵下，都可能演变成一场个人所不能承受的暴风雨。

由于网络的开放性和隐匿性，大家在发言时少了很多顾虑。躲在屏幕之后"按键伤人"的施暴者也许就是一个平平无奇的普通人。因此，我们在不记名的网络上，不要随意加入诋毁别人的大军，一旦加入，也许自己某天也会变成受害者中的一员。雪崩之时，没有一片雪花是无辜的。

那当遇到网络暴力时，我们应该怎么做呢？首先，要勇敢地告诉爸爸妈妈或老师，让他们帮我们解决问题，不要自己默默承受。其次，我们可以主动要求父母限制网络使用时长和范围，在需要时把网页关掉，或者请父母帮我们屏蔽这些内容。

记住，遇到网络暴力不需要害怕。只要我们勇敢地面对，学会保护自己，父母和老师都是我们坚实的后盾！

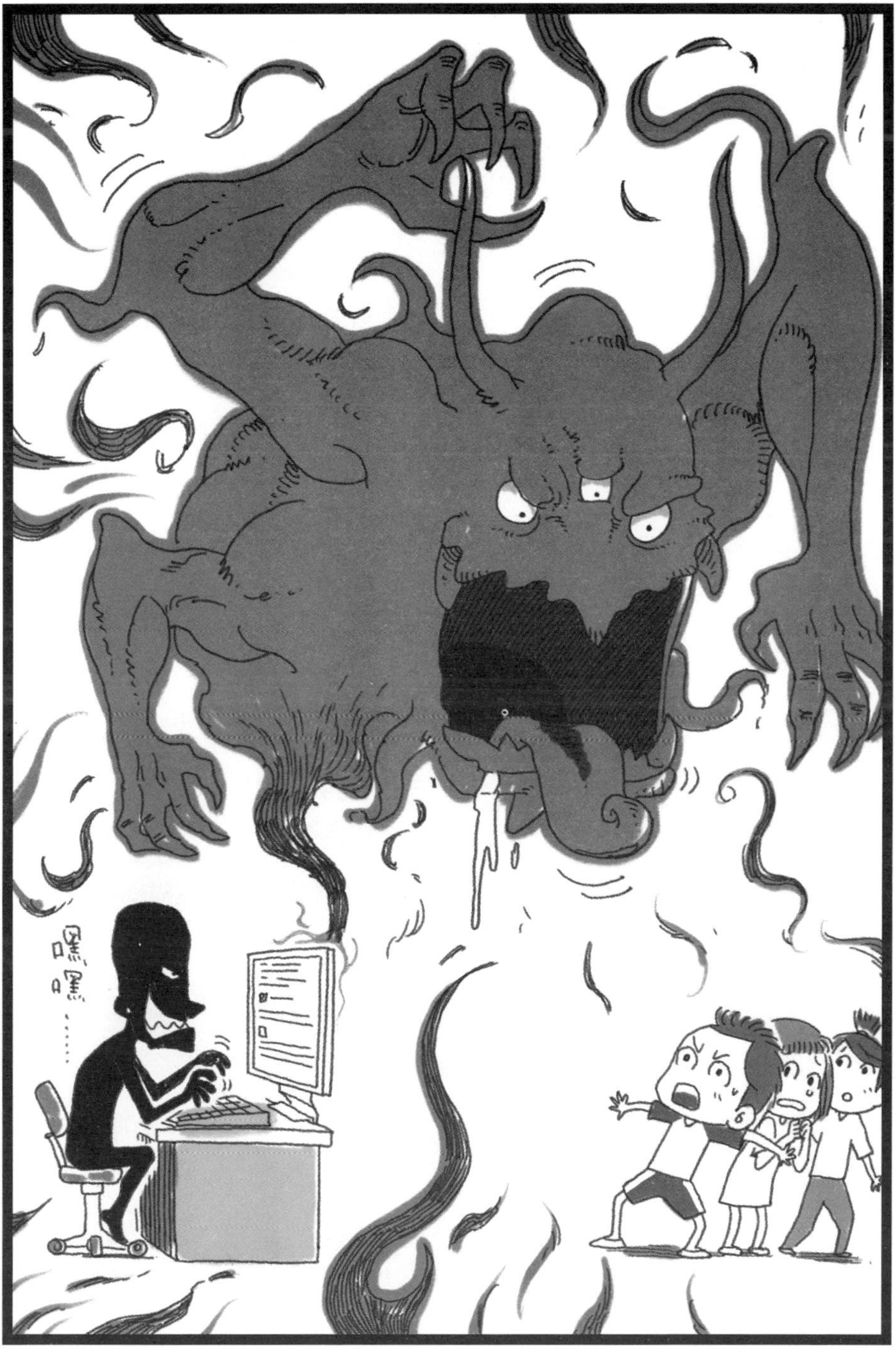
嘿嘿……

## 54 为什么有些人很富,有些人却很穷?

财富是对勤奋思考的嘉奖。

你是不是有过这样的疑问:为什么有的人拼尽全力只获得温饱,有的人轻轻松松就有可观的收入?财富到底是怎样分配的呢?

这里面其实涉及了一个深刻复杂的经济学问题,我们今天暂且不谈资本的原始积累,也不考虑个人机遇、时代红利等不可测算的原因,仅以一个简单的例子来思考。假设有A、B、C 3个人,每人最初都有均等的100枚银币,不同的分配方式可能带来截然不同的效果。

老实本分的A把100枚银币留着以备不时之需,自己用每天劳动所得维持温饱;仗义的B大手一挥,把全部身家都给了朋友创业;谨慎的C把银币分成几份,一份用来生活,一份用来储蓄,一份用来尝试各种投资。从概率学角度分析,一段时间后,A的生活可能最平稳,B有可能一夜暴富也可能血本无归,C可能小有进项或者略微亏损。这就是一次小小的财富再分配的理想化展现。那么长此以往呢?我们会发现,这3个人的贫富差距将越来越明显,这里体现的就是每个人应用财富、创造财富、驾驭财富的能力。

要知道,一切财富都来源于劳动和知识,理解财富才能掌握财富。

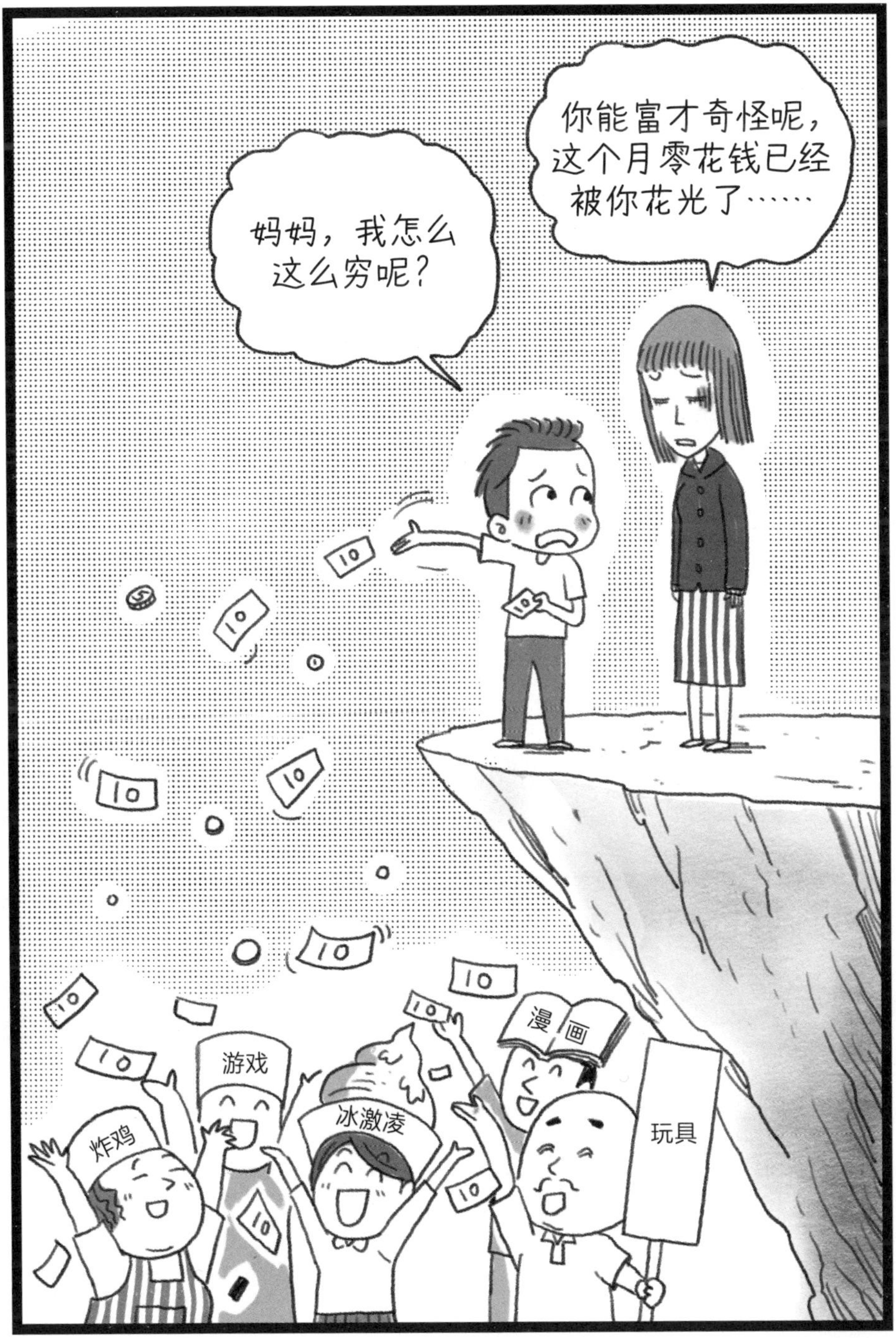
妈妈，我怎么这么穷呢？
你能富才奇怪呢，这个月零花钱已经被你花光了……
10
漫画
游戏
冰激凌
炸鸡
玩具

## 55 为什么说"历史如明镜"?

你的第一堂关于人类经验的课程。

我们常说"以史为鉴,可知兴替"。了解历史上的朝代更替、兴衰变迁后,你会忍不住感叹一句"历史总是惊人的相似"!很多历史事件的发展规律,即便是在当下,也依然有着很大的借鉴意义。

通过学习历史,你读到秦始皇统一六国,明白了一个朝代的建立不仅靠武力,更要有革新的思想和先进的制度。你发现考试制度来源于隋炀帝创立的科举考试制度,为之头疼的并不只有你自己。你继续沿着历史的脉络读到西方近代史——18世纪末,工业革命开始了。蒸汽机和纺织机的发明,让工厂取代了纯手工劳动,生产效率大大提高。1903年,莱特兄弟成功制造出世界上第一架动力飞机,实现了人类的飞天梦想。科学和技术的进步,大大改变了我们的生活。正是因为经历了历史长河中这一代又一代的发明与积累,我们今天才能拥有汽车、电脑和手机这些便利的"生活必需品"。

也许,历史故事中那一个个年代久远的朝代、陌生的称呼,有时会让你感到枯燥,但历史不是简单的记忆。理解历史,我们才能在面对挑战时更加从容。小小的我们,也能拥有大大的智慧与眼界。

刻—

咔咔

一天后

看我给你画的木刻版画怎么样？

来，签上你的名字。

再过几千年，这就是历史上的你啦！哈哈！

……

## 56 昆虫的生存绝招是什么？

小小的身体承载着大大的智慧。

自然界中，昆虫处在生物链的底层，每时每刻都面临着被捕食的危险。为了活下去，它们要更好地隐藏自己，以躲避天敌，还因此演化出了很多独有的绝招。

第一招，拟态。有些昆虫会把自身外观调整为与周围环境相似的模样，如很多昆虫生活在树叶上，而自己也和树叶同样是绿色。还有很多虫子为了伪装，干脆长成了树枝或叶子的样子，如竹节虫。第二招，装死。有时当你发现一只虫子，转眼它就缩着腿，滚落在地上一动不动，这就是昆虫在拟死求生。大部分昆虫的装死时长在几秒到十几秒不等，忍耐力强的昆虫甚至会装到几分钟之久。第三招，趋光而行。昆虫的天敌是鸟类，稍有不慎就成了鸟嘴里的大餐。因而，为了躲避白天的飞鸟，很多昆虫只在夜间活动。在夜间，要想看清周围，它们会利用月光或星光为自己照亮飞行的方向，这是昆虫在黑暗中飞行的智慧。

长久以来，昆虫的世界一直吸引着大批观察者和研究者，不断有颠覆现有认知的新发现出现。昆虫小小的身体为人类开启了一扇认识广阔世界的大门。

妈妈，人类怎么就没有“隐形”的绝招呢？
因为咱们已经没有什么天敌了，所以这种技能就慢慢退化了。
原来如此！
怎么和妈妈交代……
成绩单下来了吗？
哇
敢考个零蛋回来？！
快给我出来！
呼
呼
谁说这个技能没有用……

## 57 人类是如何"拟态"生存的？

"隐身"是让自己安全的技能。

昆虫在自然界中为了躲避天敌，进化出了"拟态"本领，让自己和周遭环境融为一体，以起到躲避作用。人类从动物身上得到启发，由此设计出野外作战时穿的迷彩服。为了适用于不同的伪装场景，迷彩服还有丛林迷彩、沙漠迷彩、雪地迷彩等多种类型之分。

除了以上这种实物应用的"拟态"，生活中还存在一种精神"拟态"。俄国作家契诃夫就曾在他的经典作品《变色龙》中塑造过一个为了利益来回"变脸"以应对时局的警官，作者把这种善变之人比喻成社会交往中的"变色龙"。不过"拟态"技能在人际方面的应用也不都是负面的。比如初入新班级，哪怕心里紧张得要命，我们也强装大方，希望给同学们留下好相处的第一印象。这种"拟态"是自我保护机制在紧急运转，让我们能更好地适应外界环境的改变，有助于我们更好地融入新集体，是一种有益的"拟态"。

凡此种种，我们可以看出，"拟态"生存其实是人类躲避危险、维护自身利益的生存手段。恰当应用"拟态"技能，能让我们的成长道路走得更顺畅。

今天
我很不
开心。
我应该戴
哪副面具
伪装自己呢？
我们不用
伪装自己，
因为我们
是小孩子！
只要做真实的自己
就好！
你说得对！

## 58 你认识各司其职的大脑结构吗？

大脑是一个科学的秘密基地。

每天都会有几百条思路从脑海中闪过，几万个动作指令被身体执行，这些思考和动作的掌舵者就是我们的大脑。大脑扮演着一个超级英雄的角色，让我们能够思考、感知、记忆，并做出各种各样的决定。

大脑分为两个半球，就像两个巨大的拳头一样，左右分别负责着不同的任务。左半球主要管控着语言、逻辑思维和数学能力，右半球则更擅长处理空间感知、想象力和艺术表达。

大脑皮层可分为多个区域，分别掌管"想""感""看""听"。"思考"由位于前额部的额叶掌管，负责决策、规划、行为控制等高级认知。"触觉"由位于头顶部的顶叶负责，主要传递如触碰、疼痛、温度等感知。位于脑后部的枕叶发出"视觉"信号，它处理视觉信息，接收眼睛看到的外界画面。位于双耳部位的颞叶管理"听觉"，主要负责处理听觉信息，识别外界的声音。除了大脑皮层，大脑底部还有控制我们呼吸、心跳等基本生命活动的脑干。

总的来说，大脑就像一个神奇的指挥官，掌控着我们的一切行为。每个神经元都扮演着重要的角色，它们的联系和协作塑造了独一无二的我们！

你在看什么？
脑科学
大脑可厉害啦！
据说爱因斯坦之所以那么聪明，是因为大脑中的神经元密度比普通人高。
触觉
运动
语言
视觉
怪不得我妈老说我脑袋空空，看来是我缺少神经元，这上面有说怎么补脑吗？
嘿嘿……

## 59 梦境为什么总是光怪陆离？

**不被理性束缚的大脑更具创意。**

我们常说"日有所思，夜有所梦"，可为什么梦中的画面总是时空随意穿梭，天马行空的，和日常看到的完全不一样呢？

其实，这句话的确有一定的科学道理。当我们睡着后，大脑的中枢神经区域仍然处于活跃状态。虽然你闭上了眼睛，但视觉皮层仍然在工作，还在处各种不同的视觉信号。这些信号来自你的记忆、想象、潜意识等，它们一般杂乱无章，这也就构成了梦里那些天马行空、光怪陆离的"画面"。

而且，除了视觉，听觉系统也有可能融入梦境中。不光如此，大脑中负责恐惧、悲伤、喜悦等各种情绪的边缘系统同样处于活跃状态。也就是说，在睡觉时，大脑还是可以"看""听""感受"到各种信息和情感的。只不过，一个重要的大脑区域——前额叶皮质，会在我们睡着后准时下班，它负责的是逻辑思考和理性判断能力。这就导致梦境缺乏基本的条理，变得光怪陆离，让人摸不着头脑。

但这可不是坏事。因为清醒的时候，我们不会把没有关联的事情联系在一起，而在睡眠中，梦境会让思维更加抽象、不被束缚，因此就产生了一些独特的思想火花和创意。

嘿，小孩！你想加入我们去西天取经吗？
大师兄，这孩子还小，禁不起折腾，您就别开玩笑了。
不是吧！
不是吧！
别走啊！
呀！
啊，原来是个梦……
如何画皮影

## 60 男孩与女孩的思维有何不同？

一切源于大脑的不同。

有时，面对同样的事情，男孩和女孩会有完全不同的反应。妈妈们常说，男孩比女孩更调皮、难管、不听话，这些其实都是男孩与女孩大脑结构差异，以及大脑发育节奏不同导致的。

男孩和女孩，在大脑发育上确实存在一些差异。在大脑中负责情绪处理的杏仁核，女孩的要比男孩的发育略早。此外，负责情绪控制的前额叶皮质在女孩中通常也相对较大。因此，在青少年时期，女孩的情感感受能力和情绪管理能力往往要比男孩好。多巴胺在调节运动和行为能力中起重要作用。一般来说，男孩的多巴胺活动较为活跃，因此他们通常比女孩更好动，需要通过肢体运动释放能量，这也意味着他们需要更多的户外活动时间。

男孩和女孩的胼胝体也存在差异。胼胝体是连接左右大脑半球的横神经纤维，这会影响左右半脑信息的整合能力，女孩的胼胝体相对较大，因此女孩的语言能力要优于男孩。男孩的视线较直接和集中，更多关注前方的目标；而女孩的视线较宽广，能觉察到周围的事物。

不过，这些差异不过是发育节奏带来的偏差，这体现了个体的多样性，而非能力的优劣。不要再给男孩、女孩贴上"你不行"的标签啦。

食物通过食道到胃部，再到小肠，再进入大肠，大肠突然激烈地蠕动，咕噜咕噜……
她其实就是想上厕所！
女生都好含蓄呢！
嘿嘿嘿
咕噜……

# 61 国家到底是什么？

国就是家。

在我国，明确使用"国家"一词大约是在 2500 年前的春秋时期。在这一时期，随着各诸侯国之间的争霸和兼并不断发生，人们开始意识到建立一个拥有独立政治实体和行政权力区域——"国家"的重要性。那么，国家是如何运作的呢？

国家有自己的地盘，即领土，那是我们生活的领地。它神圣不可侵犯，每个人都有保护国家领土完整的责任和义务。

国家有自己的规矩，即法律，人人都需遵守，众生平等。法律规定什么事可以做，什么事不可以做，它就像条红线，会给人们的行为划定一个安全区，一旦逾越了这些规则，就必须受到以自由乃至生命为代价的惩罚。

国家有自己的标志，即国旗、国歌等。这些标志代表着国家的身份和荣誉，让人们感到自豪和心有归属。

每个国家都有自己的文化、语言、传统，让人们感到亲切和温暖。

总的来说，国家是一个让千千万万个小家庭团结在一起的大家庭，它给予我们安全感和归属感。我们每个人都要像爱护自己的小家庭一样爱护我们的国家。

这是我的小小国！
沙
那这个是我的！
沙
谁都不能未经同意从我的领海经过，否则就是侵犯主权！
你们不要在这里玩了，我要迟到了……
我……请求通过……
领海
领海
好，请求收到，正在考虑！

## 62 工匠精神,到底是一种什么精神?

我们冠之以"精神"的高尚品格,通常是神圣的。

我们都知道,工匠指的是从事某种工艺的师傅,那工匠精神呢,它是专门夸赞工匠的吗?其实不然。当今社会,我们把"工匠精神"延伸为一种覆盖全行业的,代表敬业、精益、专注与创新的职业精神。

古有"工匠之祖"鲁班,穷其一生钻研土木建筑,并发明了锯子、曲尺、云梯等多种工具用以改善工作,这种不断追求卓越、精益求精的精神,正是工匠精神的体现。今有一个个非遗传承人对古老文化的坚守,比如,锔瓷传人十年修复破损瓷器 6000 余件;苏绣传人不仅继承古法,还钻研出"双面异绣",将苏绣发扬光大。这些同样是工匠精神的体现。

其实,工匠精神不只体现在那些广为人知的名人大师身上,普通人身上同样映照着工匠精神的光辉。炼钢厂里几十年坚持扎根一线、力求"炉炉是精品"的操作师傅;汽车厂中对着一个小螺丝反复调整的研发工人;孩子眼中摆弄着家什、一丝不苟地敲打着每一个手工小玩具的爸爸……

只要肯钻研,精益求精地去创造,就是对工匠精神最好的传承。

考试
下面开始考试。
请大家认真作答！
嗯。
嗯……
哦？
哦！
你在干什么……
嗯？
老师，这叫工匠精神。
一定要精雕细琢，力求完美！
我看你只是不会解答吧……
还有5分钟交卷！
被识破了……
呜……

## 63 为什么保护海洋是人类共同的责任?

包容万物的海洋,不容破坏。

蔚蓝的海洋是地球母亲的肺,大气中 70% 的氧气来自海洋中的藻类。大海是孕育生命的摇篮。在世界海洋史上,有发现新大陆的哥伦布,有环球航行的麦哲伦,还有我国七下西洋的郑和。海洋文明是见证人类文明的纽带。

但近年来,海洋污染问题越来越严重。人类活动产生的生活废弃物,如塑料垃圾、食品残渣,还有农业、工业生产中排放的废弃物,船舶运载中处理不当或未经处理直接排放入海的废油废料,都在加剧海洋的污染。

每一次原油泄漏,都会导致数千平方米海域内的鱼卵不再孵化。游人在沙滩玩乐时所涂的防晒霜中包含的氧苯酮、肉桂酸盐等成分,会导致珊瑚白化。而各类含有洗涤剂的生活废水若直接排入大海,其中所含的化学物质会导致藻类植物赖以生存的氧气耗尽,形成影响生态平衡的死亡区。

当海洋被污染后,渔业生态将会被破坏,鱼类不再健康,最终会通过大气循环而危害到人类。为了人与自然和谐共生,平时尽量减少使用一次性塑料制品,选择可重复使用的替代品,如布袋、玻璃瓶等,选择购买有环保标志的洗衣粉、洗洁精等。让我们一起加入保护海洋的实际行动中来吧!

大海，我来啦！
啊！
乱丢垃圾，大家应该保护海洋！
破渔网？
也带回去，妈妈一定会夸我的！
是谁把防鲨网捞上来的？
对不起……
我以为是垃圾……

## 64 战争是如何发生的？

自身强大，才能不惧威胁。

英国作家麦克·莫波格说："别以为对悲伤的理解是在你长大以后的某一天突然开始的……今天长大的每一个孩子，都必须思考他周围世界的种种冲突。"这就是我们要认识战争的原因。

这个世界上任何资源都是有限的。为了争抢领地、抢夺食物，动物会与外来者发生冲突。人也一样，会为了自己想要得到的东西，怒不可遏地大打出手。人和人之间的冲突会引发打架，而国与国之间的冲突，则会引爆战争。

那么，发生战争是因为一方做错了什么吗？在古代，不同国家、势力或部落之间常常发生征伐。他们对被侵略的国家犹如扑向猎物一般，争夺财富、掠夺资源、兼并土地、夺取王权……这些行为暴露了侵略者的贪婪与残忍的邪恶本性。对于被侵略的一方，当你没有能力保护自己时，就会受欺负。只因你有对方觊觎的资源，你的存在就是威胁。落后就有可能挨打，若没有能力保护自己，"弱肉"就会被"强食"。

如何做到不被挨打？"手中无剑，心中有剑"，武器可以不用，但必须牢牢握在手中，对抱有侵略企图的敌人起到威慑作用。因此我们必须明白，只有壮大自己国家的实力，才是维护和平、抵御侵略的不二之法。

爸爸妈妈，人类为什么总会不停地打仗呢？
因为贪婪。
因为粗鲁。
你的答案太片面了吧！
就你不片面！哦！
我读书比你多，一定比你表达得准确！
哎哟，原来你是看不起我学历低啊！
还有哪里不满意？都说出来！
你……你现在就非常粗鲁！
虽然我还是不太懂，但我目睹了另一场战争是怎么发生的……

## 65 生命从哪里来？

仍是未解之谜。

走进自然博物馆，你看到里面陈列着一个大大的恐龙化石，下方提示牌上写着：大约6500万年前，白垩纪时期，行星撞击地球导致恐龙生存环境恶化，恐龙由此走向灭绝。看到这些后，你不由得开始思考，地球上的生命是怎么出现的呢？

生命的起源至今仍在探索中，我们只能通过一些假说来推测一二。目前公认的说法是，地球诞生于约45亿年前。在早期，地球频繁受到彗星和陨石的撞击，地壳运动活跃，火山喷发和地震频繁，导致地表温度高达上千摄氏度。当时的地球是一片混沌荒原，没有任何生命。"外源说"认为，由于撞击，外部天体将复杂有机分子带到了地球上。不过，更多科学家认同海洋带来了生命，比如起源于早期地球海洋中的"原始汤"，以及"深海热泉"假说，两者都认为地球上原本就有水的存在，而海洋中就存在简单的有机分子，它们通过阳光和地热的作用，经过高温和化学反应的长期积聚，逐渐形成了生命。

生命的诞生让人感叹大自然中蕴藏着无限奇迹。如果你感兴趣的话，就在生命科学的领域里继续探索吧。

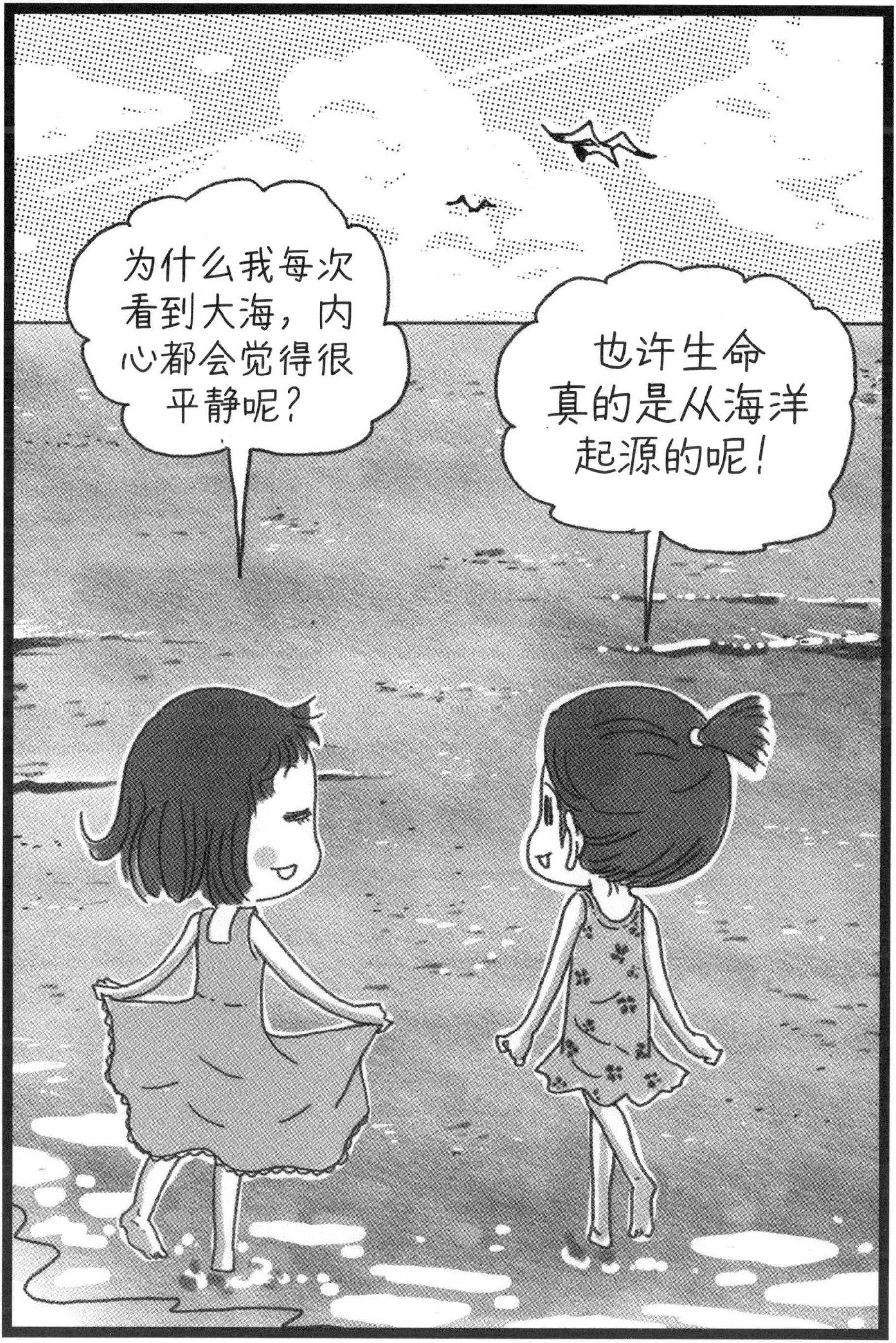
为什么我每次看到大海，内心都会觉得很平静呢？
也许生命真的是从海洋起源的呢！

## 66 在长大之前给自己的一份人生清单

专注自己,我们终将成为大人。

每个阶段的你都是独一无二的存在,有着无限的可能性和价值。在长大之前,一份人生清单送给你,愿你始终保持善良、勇敢、真诚,以及对世界保持好奇。

首先,请一定有一双充满好奇的双眼,好奇心就像一盏明灯,会引领我们在厚厚的人生百科全书中寻找成长的答案。其次,记住真诚是永远的必杀技,它能帮你结交好友,也能帮你化解矛盾。勇敢、善良的优秀品质也会让你受益终身。

当在路边发现一只受伤的小鸟时,你温柔地将它托起,给予温暖和细心的照料,这就是爱的力量。献出爱心,你自己也会感到快乐。当看到世界另一端的人因战争失去家园、忍饥挨饿时,你的心也会同样揪紧,想要献一份力。用微小的善举,照亮世界昏暗的角落,让善意之花在心中永不凋零。

最后,请允许自己失败,因为失败会为成功蓄力。凡事争先,当然值得鼓励,但如果你因此而感到紧张、崩溃,适时放下也未尝不可。成长的路还很长,只要不放弃努力,专注自己脚下的路,你终将成为独一无二的自己。

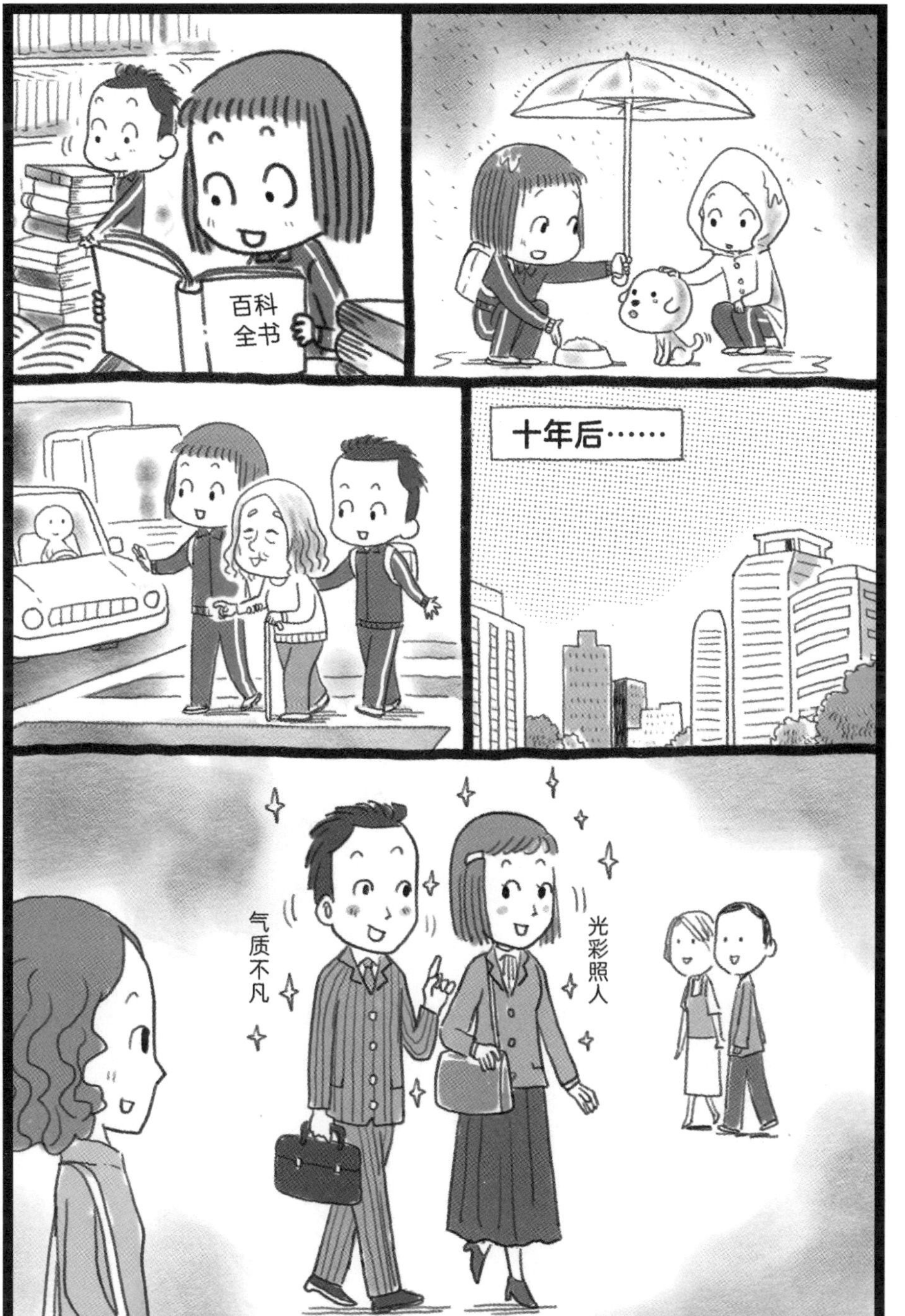

百科
全书
十年后……
气质不凡
光彩照人

图书在版编目（CIP）数据

那些我曾经问过的"为什么"/三五锄教育著；侯志绘. -- 昆明：晨光出版社，2024.9
（在我长大之前）
ISBN 978-7-5715-1914-8

Ⅰ.①那… Ⅱ.①三…②侯… Ⅲ.①生活教育–小学–教学参考资料 Ⅳ.①G621

中国国家版本馆CIP数据核字(2023)第056376号

## 在我长大之前

## 那些我曾经问过的"为什么"

三五锄教育——著　侯志——绘

| 出 版 人 | 杨旭恒 |
|---|---|
| 项目策划 | 禹田文化 |
| 责任编辑 | 李　洁 |
| 项目编辑 | 郭丽君 |
| 营销编辑 | 赵　莎 |
| 美术编辑 | 沈秋阳 |
| 装帧设计 | 沈秋阳 |
| 内文排版 | 史明明 |
| 责任印制 | 盛　杰 |

| 出　　版 | 晨光出版社 |
|---|---|
| 地　　址 | 昆明市环城西路609号新闻出版大楼 |
| 邮　　编 | 650034 |
| 发行电话 | （010）88356856　88356858 |
| 印　　刷 | 小森印刷霸州有限公司 |
| 经　　销 | 各地新华书店 |
| 版　　次 | 2024年9月第1版 |
| 印　　次 | 2024年9月第1次印刷 |
| 开　　本 | 145mm×210mm 32开 |
| 印　　张 | 4.5 |
| ISBN | 978-7-5715-1914-8 |
| 字　　数 | 86千 |
| 定　　价 | 29.00元 |

退换声明：若有印刷质量问题，请及时和销售部门（010-88356856）联系退换。